젊은 예술가의 초상

A Portrait of the Artist as a Young Man

제임스 조이스

다락원　WILEY
Publishers Since 1807

세계의 교양을 읽는다

고전을 왜 읽는가?

인간의 삶과 세상에 대한 영원한 물음이 있기 때문이다. 시대와 사상을 뛰어넘어 지금 여기 우리에게 필요한 물음이 없는 고전은 더이상 고전이 아니다. 인간과 삶에 대한 근원적인 물음 없이 고전을 읽는다면 자신과 인간에 대한 성찰과 지혜로 이어지지 않는다. 논술 시험 때문에, 과제물 때문에, 아니면 남들이 읽으니까, 나도 읽는다는 식이라면 그 책은 죽은 책일 수밖에 없다.

고전을 살아 있는 책으로 만드는 이 '물음!'에 답하기 위해서는 좋은 길잡이가 필요하다. 40년 이상 미국의 고교생과 대학 주니어들이 시험, 에세이 작성, 심층토론 준비를 위해 바이블처럼 애용해온 'CliffsNotes'와 'SPARKNOTES'는 바로 그런 좋은 길잡이의 표본이다. 이 두 시리즈가 원조 논술연구모임인 '일이관지(一以貫之)' 팀의 촌철살인적 해설을 곁들여 〈다락원 명작노트〉로 재탄생해 논술로 고민중인 대한민국 학생 여러분을 찾아간다.

CliffsNotes와 SPARKNOTES의 가장 큰 장점은 방대하고 난해한 고전을 Chapter별로 요약하고 분석해서 원전의 내용에 보다 쉽고 체계적으로 접근하는 신속·간편성이라고 할 수 있다. 여기에 '一以貫之'팀이 원전의 중요한 문제의식, 즉 근원적 '물음'은 무엇이며, 그 '물음'은 오늘날에도 여전히 유효한가, 라는 질문을 다시 던진다.

대입논술로 고민하고, 자칭 타칭의 고전이 넘쳐나는 오늘의 독서풍토에서 지적 정복이 긴박한 대한민국 학생들에게 감히 이 시리즈를 자신 있게 권한다.

一以貫之 논술연구모임 연구실장 이호곤

차 례

○ **작가** 노트 ·· 7

○ **작품** 노트 ·· 19

○ **Chapter**별 정리 노트 ·· 39

Ch. 1 예민한 범생이 데덜러스

Ch. 2 욕망의 세계에 눈을 뜨고

Ch. 3 절망, 고민, 그리고 고해성사

Ch. 4 장인 데이달루스의 의미를 되새기다

Ch. 5 예술적 비상을 위해 독립을

○ **인물 분석** 노트 ·· 113

○ **마무리** 노트 ··· 119

조이스와 비유 표현
자전적 요소

○ **Review** ··· 130

○ 권말부록 일이관지 논술 노트 ····························· 133

반항하는 인간 ｜ 실전 연습문제

CliffsNotes와 SPARKNOTES는 방대한 원작을 보다 쉽게 이해할 수 있도록 돕는 안내서입니다. 원작 이해를 돕기 위해 작가와 작품에 대한 배경지식, 그리고 매 장마다 간단한 '줄거리'와 '풀어보기'가 실려 있습니다. '줄거리'를 통해서는 원작의 내용을 명쾌하게 파악함으로써 독서의 즐거움을 느낄 수 있을 것입니다. '풀어보기'에는 원작에 담긴 문학적 경향, 등장인물의 심리상태, 시대상, 주제 등을 설명해 놓았습니다. 비판적 글읽기의 바탕이 되는 요소들이죠. 비판적 글읽기는 소설과 비소설 작품을 막론하고 책을 읽을 때 꼭 필요한 자질입니다.

그 밖에도 작품을 좀더 심오하게 분석할 수 있도록 '마무리 노트', 'Review' 등을 마련해 놓아 독자 여러분의 글읽기를 돕고 있습니다.

*〈 〉는 장편소설, 중편소설, 논픽션, 시집. "   "는 수필집, 단편소설

◉ 일이관지(一以貫之) 논술노트

권말에는 一以貫之 논술팀에서 작성한 논술 노트가 실려 있습니다. 원작을 우리의 삶과 연계시켜 비판적 사고와 논리적 글쓰기의 방향을 제시합니다.

◉ 실전 연습문제

논술예제와 기출문제를 통해서는 원작을 바탕으로 출제 가능성이 높은 논점을 함께 숙고해 봅니다.

작가 노트

작가의 생애

작가의 생애

유년 시절(1882-88)

제임스 어거스틴 조이스 James Augustine Joyce는 아일랜드의 수도 더블린 교외의 라스가에서 1882년 2월 2일 태어났다. 어머니는 책임감이 강했으나 아버지는 호감을 주면서도 헤펐다. 10남매 중 장남인 조이스는 형제가 다섯 명이 더 있었지만 모두 어릴 때 죽었다. 이렇게 많은 조이스의 식구 수는 아버지가 끌어 쓴 빚의 액수로나 능가할 수 있다고 농담을 던진 비평가도 있을 정도다. 그러나 집안의 불안한 재정 상태에도 불구하고 아버지는 아들의 뛰어난 능력을 알아보고 아일랜드의 최고 명문 학교 두 곳에 입학시켜 훌륭한 교육을 받도록 했다.

학창 시절(1888-98)

1888년 9월, 조이스는 예수회의 남자 기숙학교인 클롱고스 우드 칼리지에 입학했다. 그는 초반에 사소한 질병을 몇 차례 앓아서 동기들로부터 소외되고 핍박받는다는 느낌을 가졌다. 얼마간의 적응 기간이 지나자 건강 상태와 태도가 나아졌고, 가끔 교사들로부터 지적을 받기는 했지만 비상한 기억력과 음악적 재능, 그리고 운동 능력을 발휘하면서 주목받았다.

클롱고스에서 첫 번째 크리스마스 방학을 맞아 집으로 돌아온 조이스는 아일랜드 민족당 당수인 찰스 스튜어트 파넬의 사망 사건을 두고 가족 내에 분란이 생기는 것을 본다. 파넬은 존경받는 불굴의 정치인이었지만 유부녀인 키티 오셰이와의 연애 사건 때문에 내리막길로 접어들었고, 정치적 몰락을 겪은 뒤 새로운 독립 정당을 창당하려고 1년간 분투하다가 45세에 과로로 사망한 인물이다.

파넬의 몰락과 뒤이은 사망은 조이스의 생애에 중요한 영향을 미쳤다. 그 사건을 계기로 아일랜드에 내재한 종교와 정치의 불일치를 인식했고, 파넬을 영웅으로 추앙했던 마음속에는 아일랜드가 항상 조국의 선지자들을 파멸시킬 것이라는 두려움이 생겨났다. 아홉 살짜리 조이스에게 이 사건이 미친 영향은 "힐리, 너마저 Et Tu, Healy"라는 자작시 속에 잘 드러나 있다. 그는 이 시를 친구들에게 나눠주었는데, 파넬의 몰락에 일부 책임이 있는 사람을 비난하는 내용이었다.

파넬의 몰락은 조이스 집안의 쇠락을 예고하는 것처럼 보였다. 얼마 지나지 않아 가계가 파탄 나고 가족이 여러 차례 이사를 다니게 되면서 조이스는 클롱고스 우드로 돌아가지 못했다. 그러나 아버지의 수완에 힘입어 1893년 역시 명문인 벨베데르 칼리지에 입학했고, 열여섯 살까지 다녔다. 그는 학교 리더이자 연극 배우로 활동했고, 수필가로도 두각을 나타내면서 상을 타기도 했으며, 시와 수필은 교지에 실리기도 했다.

조이스의 학창시절은 대체로 좋았지만 열네 살 때 겪은 두 가지 중요한 사건이 그의 정신과 향후 창조적인 삶에 큰 영향을 미쳤다. 첫 번째는 '복되신 동정 마리아 신우회'에 가입해서 나중에 회장이 된 것이었고, 두 번째는 더블린의 매춘부와 가진 첫 성경험이다. 이들 모순된 사건은 불과 몇 주를 사이에 두고 벌어졌다. (조이스는 여성, 성, 창조성이라는 세 요소를 조화시키려는 노력을 작품 곳곳에서 보이고 있다.) 2년 뒤, 조이스는 더블린의 유니버시티 칼리지에 입학했다.

대학 시절(1898-1903)

유니버시티 칼리지는 예수회의 교육기관이었지만 당시 점증하던 고전에 대한 관심을 충족시키기 위해 종교 교육에 중점을 두지는 않았다. 이처럼 인문학을 강조한 교과 과정이 조이스가 성숙해가던 시기와 맞물려 그는 종교 수업을 거의 받지 않았고, 바그너가 오페라에 사용한 신화에 더 많은 관심을 갖게 되었으며, 노르웨이 극작가 헨릭 입센*의 극에도 매료되었다.

보수적인 교수들은 이러한 그의 인문학적 관심에 공감하지 않았다. 사실, 조이스는 대학 내 '문학역사회'에서 입

---

* **헨릭 입센**(Henrik John Ibsen, 1828-1906): 노르웨이 극작가. 근대 사상과 여성해방운동에 큰 영향을 미침. 대표작은 〈인형의 집〉, 〈유령〉, 〈민중의 적〉 등.

센 같은 현대 작가를 옹호하고 그리스 극과 셰익스피어 극을 혹평하는 평론을 발표함으로써 상당한 비판을 받았다. 그러나 그는 미학적 견해에 대한 공격에 굴하지 않고 그 발표문을 "입센의 신극 Ibsen's New Drama"이라는 제목의 평론으로 바꿔 1900년 포트나이틀리 리뷰에 기고했다.

이후에도 조이스는 대학시절 내내 대중적인 예술 취향을 두고 논쟁을 벌였다. 당시 일어나던 아일랜드 문예극 운동이 저속하고 편협한 희곡을 만든다고 믿은 그는 "소요의 날 The Day of the Rabblement"이라는 평론에서 아일랜드 극작가들의 보잘것없는 희곡들을 거부하고 신예 유럽 작가들이 집필한 진실하고 미적인 작품들을 탐구하라고 주장했다.

조이스는 1902년 12월 1일 유니버시티 칼리지를 떠나 파리로 가서 의학 수업을 받으며 집필을 계속하려고 했지만 이내 수업을 따라가지 못하고 재정적으로도 어려움에 직면했다. 그러나 다행스럽게도 당시에 알게 된 어거스타 그레고리 부인과 윌리엄 버틀러 예이츠*의 도움으로 데일리 익스프레스지에 평론을 발표할 수 있는 길이 열렸다.

원래 파리에 몇 년 머물려고 했던 그는 1903년 4월 어머니가 위독하다는 소식을 받고 더블린으로 돌아왔지만 대부

분의 시간을 의대생들과 술 마시고 어울리는 데 보냈다. 어머니는 1903년 8월 13일 마흔네 살를 일기로 세상을 떠났다.

창작 시절(1903-41)

어머니가 사망한 뒤 수개월간 집안에서는 분란이 끊이지 않았으나 조이스는 관여하지 않고 1904년 1월 7일부터 새로운 지식인 잡지 다나에 소품을 쓰기 시작했다. 그는 자전적이며 풍자적인 장문의 소품을 집필하고는 동생 스태니슬로스의 제안에 따라 "예술가의 초상 A Portrait of the Artist"이라는 제목을 붙였다.

한 달 뒤 그는 다나의 편집진이 그 소품이 성적인 내용이라며 게재를 거부하자 그 원고를 〈스티븐 히어로 *Stephen Hero*〉라는 장편 소설로 개작하기로 마음먹고, 영웅이자 순교자인 한 가톨릭 교도 예술가를 주인공으로 삼기로 했다. 〈스티븐 히어로〉는 1944년 그의 사후에 출간되었는데, 오늘날 그 소설은 조이스가 후속 대작인 〈젊은 예술가의 초상 *A Portrait of the Artist as a Young Man*〉에 사용한 자전적 요소들의 귀중한 참고 자료로서 높이 평가되고 있다.

1904년 봄, 조이스는 〈스티븐 히어로〉의 초고를 쓰면서 시집 〈실내악 *Chamber Music*〉(1907)에 게재한 36편의 시도 집필했다.

바로 이 시점에 조이스는 평생 동안 사랑하게 될 여성

노라 바나클을 만난다. 6월 10일에 처음 그녀를 만난 조이스는 엿새 뒤인 6월 16일 사랑에 빠졌다는 사실을 알았다. 그 후 6월 16일은 그에게 특별한 날이 되고, 〈율리시스 *Ulysses*〉의 시간적 배경이 되었다. 오늘날 전 세계의 조이스 독자들은 6월 16일을 '블룸의 날 Bloom's Day'로 기념하고 있다.

1904년 10월, 조이스는 벌리츠 학교로부터 교사직을 제의받고 노라와 함께 취리히로 건너간다. 그러나 학교 서무직원이 그의 지원서를 찾지 못해 취업하지 못했다. 실망이 컸지만 트리에스트로 가서 이후 10년간 머물며 집필을 계속했다. 아들 조지오는 1905년에, 딸 루치아는 1907년에 태어났다.

1907년 9월, 조이스는 〈스티븐 히어로〉를 〈젊은 예술가의 초상〉으로 개작하기 시작했다. 주인공은 '스티븐 데딜러스'를 그대로 썼다. 그 이름은 조이스가 필명으로 사용하고 있었는데, 최초의 기독교 순교자 스데반(Stephen)과 전설적인 그리스의 미로설계자로 재능과 기술이 뛰어난 데이달루스(Daedalus)를 연결한 것이다. 데이달루스는 자신이 만들어준 날개를 달고 하늘을 날려고 했던 이카루스(Icarus)의 아버지이기에 작품 속에서 비상의 주제로 다양하게 변주되며 모티프로도 활용되었다. 이후 조이스는 작품에서 자전적 특성을 강조하지 않기 위해 주인공의 이름 철자를 바꿨다.

조이스는 〈더블린 사람들 *Dubliners*〉의 집필도 다시 시작했다. 단편집인 그 작품이 그가 아일랜드 사람들에게 만연해 있다고 믿는 지적 · 정신적 · 문화적 마비 현상을 비통한 마음으로 비춰볼 '잘 닦인 거울'이 되기를 바랐다. 그러나 이 작품이 출판되지 못하자 격분한 그는 〈젊은 예술가의 초상〉 원고를 불 속에 던져버렸고, 다행스럽게도 곁에 있던 여동생 아일린이 건져내서 거의 불에 타지는 않았다.

그는 아내와 딸을 트리에스트에 남겨둔 채 어린 조지오만 데리고 아일랜드로 갔다. 그 '배신자들'의 나라에서 무슨 일이 벌어지고 있는지 직접 보고 싶었던 것이다.

더블린으로 돌아온 조이스는 조국에 대해 깊은 관심을 촉발시켰던 요소들과 대면했을 뿐만 아니라 후기 작품에 영향을 미친 개인적 사건들도 겪었다. 옛 친구이자 노라를 두고 연적이기도 했던 빈센트 코스그레이브와 만나는 동안, 조이스는 노라가 연애 초기에 코스그레이브와 함께 밤을 보내곤 했다고 확신하고는 배신감을 느껴 여러 장의 비난 편지를 노라에게 썼다. 노라는 답장을 하지 않았다. 나중에 조이스는 다른 친구로부터 코스그레이브가 노라와의 관계에 대해 거짓말을 했다는 사실을 알게 된다. 이후 조이스는 잘못을 뉘우치고 노라에게 존경심을 갖기도 했다. 1909년, 조이스가 노라와 떨어져 있던 시기에 보낸 이 편지들은 문학적으로 중요한 의미를 지닌다. 여기서 조이스가 〈젊은 예술가의 초상〉의 마지막 장을 완결하고 〈율리시스〉와 희곡 〈망명자들 Exiles〉의 기본 주제를 확립하는 데 필요한 문학적 소재뿐만 아니라 심리적 자극까지도 발견할 수 있기 때문이다.

제1차 세계대전이 발발한 후 1915년에 조이스는 취리히로 이사해 〈젊은 예술가의 초상〉을 완성했으며, 예이츠와 망명자인 에즈라 파운드* 같은 문학계 명사들은 이 작품이 에고이스트 지에 연재되도록 도와주었다. 첫 회분은 조이스의 생일인 1914년 2월 2일에 발행되었다. 그 후 〈젊은 예술가의 초상〉의 단행본 출간에는 많은 어려움이 있었지만 후원자인 에고이스트의 편집장 해리엇 쇼 위버 여사와 이디스 록펠러 매코믹 여사의 도움을 받아 뉴욕에서는 1916년 B. W. 휩시에 의해, 영국에서는 1917년 위버 여사가 새로 만든 에고이스트 출판사에 의해 출간되었다. 우연히 〈더블린 사람들〉도 1914년에 그랜트 리처즈에 의해 세상에 나왔다.

조이스는 1917년 8월에 안과 수술을 수차례 받았고, 이후 15년 동안 수술이 계속되었으나 예술적 열정은 식지 않았으며, 새로운 작품 〈율리시스〉를 1918년부터 1920년까지 리틀 리뷰 지에 연재했다.

이 대작은 호머의 〈오디세이 *Odyssey*〉와 유사하게 일화들이 구성되어 있는데, 유태인 광고 모집인 레오폴드 블룸과 학생이자 시인 기질을 지닌 스티븐 데덜러스가 단 하루 동

---

* **에즈라 파운드**(Ezra Pound, 1885-1972): 미국의 시인. 이미지즘과 모더니즘으로 20세기 영미 시에 큰 영향을 미침. 대표작은 〈가면〉, 〈피산 캔토스〉.

안 겪는 일들을 그리고 있다. 〈율리시스〉는 소설의 기존 개념을 혁명적으로 바꿔놓았고, 이전의 어느 작가도 영어의 신축성을 그만큼 활용한 적이 없었다. 즉시 〈율리시스〉의 문학적 성과에 대한 비평적 논쟁이 뜨겁게 달아오르면서 급기야 뉴욕 사회정화협회는 작품의 특정 일화들이 음란물에 해당한다며 리틀 리뷰 지를 고소했다. 이 고소 때문에 〈율리시스〉는 출간되지 못했고, 실비아 비치 여사가 자신의 세익스피어 앤 컴퍼니 서점을 통해 출판할 때까지 기다려야 했다. 소설은 1922년 2월 2일에 빛을 보게 되었다.

이 같은 검열 때문에 대중의 관심이 촉발되면서 한때는 파리 여행자라면 〈율리시스〉를 몰래 들여오려고 하지 않는 사람이 없을 정도였다. 미국에서는 1933년 그 유명한 울시 판사의 판결 때까지 〈율리시스〉를 합법적으로 수입할 수 없었다. 1923년, 조이스는 이후 남은 생애를 쏟았던 〈피네간의 경야(經夜) *Finnegans Wake*〉를 쓰기 시작했다. 삶의 순환에 관한 몽상적 광경을 다룬 이 작품은 인간의 '보편적 역사'의 과거와 미래를 구체적으로 조명하는 듯하며, 저자 내면의 삶을 밝힌 기록처럼 보인다. 조이스는 자칭 '단계별' 밤의 언어 ― '의식적 · 반의식적 · 무의식적' 연상들 ― 로 기술된 이 작품이 자신에게는 일상생활보다 더 실제적인 실재를 대변한다고 말했지만 친구와 문학계 동료들은 그렇게 인식하지 않았다. 〈피네간의 경야〉는 1927년부터 1938년까지 단편적으로 여러 잡지에 실렸고, 1939년에 단행본으로 출간되었다.

조이스의 만년은 좌절의 연속으로, 〈피네간의 경야〉에 대한 혹평으로부터 시작해서 다시 이사를 해야 했던 제2차 세계대전 초반기 내내 계속되었다. 게다가 눈을 비롯한 전반적인 건강이 서서히 나빠지기 시작했으며, 딸 루치아의 정신이상 상태도 염려를 놓을 수가 없었다. 1932년에 불치성 정신분열증 진단을 받은 루치아의 상태는 가망이 없어 보였지만 조이스는 치료법을 찾고자 노력했고, 딸의 병을 자기 탓으로 여기며 어떻게든 책임을 져야 한다고 느꼈다.

건강이 계속 악화되어 위경련으로 쓰러진 조이스는 십이지장궤양 수술을 받기로 했으나 의식을 회복하지 못하고 1941년 1월 13일 세상을 떠났다. 그는 취리히의 한 언덕에 자리한 플런턴 묘지에 묻혔으며, 무덤은 아일랜드의 상징이자 표장인 수금(竪琴) 형태의 녹색 화관으로만 장식되어 있다.

작품 노트

작품의 개요

줄거리

등장인물

작품의 개요

〈젊은 예술가의 초상〉은 조이스의 인생 첫 20년 동안 일어난 사건들과 밀접하게 상응하는 일들을 상세히 묘사한다. 저명한 조이스의 전기 작가 리처드 엘만에 따르면, 조이스는 〈젊은 예술가의 초상〉이 '자신의 인생을 소설화'한 자전적 소설이 되기를 원했다. 학자들은 조이스의 인생이 소설 속의 가공된 이야기에 어느 정도 영향을 미쳤는지에 대해 논란을 벌이기는 하지만, 스티븐 데덜러스가 주인공이자 조이스의 페르소나*라는 점에는 동의한다. 조이스는 그 가면 뒤에서 '젊은이' 이자 '예술가'로서의 허구적인 자기 '초상'을 그린 것이다.

제목에 드러난 이 같은 명백한 단서들을 면밀히 조사하면, 독자들도 이 소설이 퀸스틀러로망**과 빌둥스로망*** 모두로 분류될 수 있다는 사실을 알게 될 것이다. 우리가 이 용어들의 의미를 안다면, 조이스가 이 소설을 집필한 일차적인 목적을 더욱 명백히 이해할 수 있다.

그러나 소설 속에 등장하는 많은 인물들과 상황들이 풍자 형식으로 제시되어 있다는 사실을 명심해야 하고, 더불어

---

* **페르소나**(persona): 라틴어로 '가면'이라는 뜻.

** **퀸스틀러로망**(Kunstlerroman): 독일어로 '예술가에 관한 소설'이라는 뜻.

*****빌둥스로망**(Bildungsroman): 독일어로 '성장이나 교육에 관한 소설'이라는 뜻.

저자가 이 기법을 선택한 이유가 예술가의 삶이 동시대를 사는 다른 사람들의 삶과 얼마나 다른지를 강조하기 위한 것이었음도 인식해야 한다.

〈젊은 예술가의 초상〉에서 독자는 스티븐 데덜러스의 특별한 경험을 통해 신앙과 가정, 그리고 조국에 대한 그의 견해뿐만 아니라 예술가가 환경을 어떻게 인식하는지, 그 인식이 사회의 기존 처방들과 어떻게 갈등하는지를 알게 된다. 결과적으로 예술가는 세상으로부터 거리감을 느끼게 되는데, 불행히도 이러한 거리감과 소원함을 다른 사람들은 자기본위적인 인간의 오만한 태도로 오해한다. 따라서 예술가는 이미 소외되었다고 느끼면서도 고통스러운 사회적 소외감이 점점 더 커지는 것을 인식하게 된다.

게다가 스티븐은 자연스레 커져가는 성적 욕구로 더욱 혼란스럽다. 그는 대단히 지적이고 예민하며 능변이지만 그 또한 솟구치는 성욕과 자기의혹, 그리고 불안정한 느낌 등 청소년들이 성장기에 경험하는 모든 보편적인 감정들을 느낀다. 조이스는 이러한 격정적인 청소년기의 감정들을 '의식의 흐름'(stream-of-consciousness)이란 서술 기법을 통해 드러내면서 독자를 의식 세계와 잠재의식 세계로 이끌어 상황의 주관적이고 객관적인 실체를 보여준다. 스티븐 데덜러스를 이용해서 인간 감정의 심원을 탐색하는 것이다.

이 소설은 대부분 제한된 전지적(全知的) 작가시점으

로 서술되고, 표현은 서정적 형식과 서사적 형식에서 시작해 극적 형식으로 옮겨간다. (이 '표현의 형식'은 스티븐의 용어로서 문학의 다양한 종류를 정의하고 있다. 우리는 이 소설에서 그 형식들을 맞닥뜨리게 되면 스티븐의 정의를 기록해 두고, 서정적 · 서사적 · 극적 수준의 전개에 따라 이 소설의 과정을 도표화해 보아야 한다.)

스티븐의 사고, 연상, 감정, 언어(의식 속에 있건 발화되었건)는 독자가 스티븐과 함께 청소년기의 고통과 즐거움뿐만 아니라 지적 · 성적 · 정신적 발견의 유쾌한 경험들도 공유하게 만드는 일차적인 매체로서 기능한다.

조이스는 스티븐의 미학적 경험의 중요성을 강조하기 위해 가톨릭 교리로부터 한 단어를 차용해서 자신만의 문학 용어를 만들어 쓴다. 스티븐은 갑자기 '사물의 본질적인 성격'을 이해하게 될 때—그것이 사람, 사고(思考), 단어, 상황에 관한 이해든 아니든 간에—심오한 계시의 순간을 경험한다. 조이스는 이 순간을 현현(顯現)이라고 불렀다.

스티븐이 경험한 초기의 현현들은 그의 민감한 감각적 인식에서 나왔으며, 조이스가 능숙하게 사용한 형상을 통해 기록되었다. 소설에서는 소리의 반복된 형태와 미각, 촉감, 냄새에 대한 기억들이 모두 강조되어 있다. 스티븐의 시력은 조이스처럼 약했기 때문에 작가는 다른 감각들을 강조하는 서술 과정에서 중요한 모티프를 도입하는데, 차가움과 뜨거움, 건조함과 축축함, 빛과 어둠의 반복적인 이미지뿐만 아니라 반복되는 상징들도 기록한다. 또한 극적인 풍자를 사용해서 스티븐의 기본적인 갈등 요인들을 확인하고, 인생에서 중요한 사건들을 강조한다.

비록 소외와 배신 같은 몇 가지 주제가 소설에 드러나지만, 엘만은 조이스가 원래 작품의 주요 주제를 '가톨릭 배교자인 예술가가 주인공인 그의 초상'으로 인지했다고 말한다. 확실히, 조이스의 생애에 있었던 사건들은 스티븐이 아일랜드 민족주의와 가톨릭교회의 구속을 벗어나야 한다는 필요성을 반영하고 있다. 그 두 가지는 그가 문학가로서 살아가는 데 위협적인 요소로 보였던 것들이다.

작가의 생애가 소설의 주제 전개와 관련 있다는 가장 명백한 단서는 주인공의 이름인 스티븐 데덜러스인데, 이 이름에는 그리스 신화와 기독교 신화의 중요한 요소가 결합되어 있다. '스티븐'은 신앙 때문에 박해당한 최초의 기독교 순교자 이름이다. 조이스의 주인공은, 어릴 때 개신교도와 결혼하겠다고 했다가 꾸중을 들었던 일, 부당하게 매를 맞았던 사건, 동기들이나 나이 든 사람들에게 배척당하거나 죄의식을 느꼈던 여러 가지 사건들을 기억함으로써 수호성인의 순교에 공감한다.

그러나 독자들에게 이 소설과 주제상 평행을 이루는 최고의 근원을 밝혀주는 것은 바로 작가가 등장인물의 성을 데덜러스로 선택한 것이다. 데이달루스와 이카루스의 신화, 즉 노련한 그리스 발명가와 성급하고 불운한 그의 아들 이야기는 소설 전반을 지배하는 주요한 형상과 상징의 구성 체제가 된다.

데이달루스는 건축가로서 미노스 왕의 의뢰를 받아 괴물 미노타우루스를 가둘 교묘한 미로를 제작했다. 그러나 불행히도 그 미로에 갇힌 데이달루스와 이카루스는 대담하고 기발한 탈출을 감행한다.

상징적으로 스티븐은 데이달루스처럼 자신을 정신적 · 문화적 · 예술적으로 구속하며 위협하는 더블린의 미로에서 탈출할 수단을 강구해야겠다고 느낀다. 마찬가지로 스티븐은 태양에 너무 가까이 날아서 날개가 녹아내려 바다에 곤두박질쳐 죽는 이카루스와도 비교할 수 있다. 그는 이카루스처럼 가족과 사제의 경고를 무시하고 상징적으로 철학적 계몽에 이끌려 결국 죄로 추락하고(영적인 죽음) 가톨릭 신앙을 부인한다.

스티븐을 동일한 이름의 신화 속 인물 '위대한 장인(匠人)' 데이달루스와 연결짓는 장면은 가장 마지막의 극적인 평행을 제시하는데, 데이달루스처럼 스티븐도 문화적 구속의 미로를 탈출하는 데 성공한다. 소설의 끝부분에 상상 속에서 비상하여 아일랜드를 떠나 구속받지 않는 예술의 자유가 있는 미래로 날아가는 것이다.

줄거리

이 소설은 스티븐의 세 살 때 경험에 대한 기억에서 시작한다. 그 편린들은 어린 시절 이야기와 동요에서 나온 것이며, 가족 구성원, 감각적 인식, 그리고 대화의 단편들과 연결된다. 이러한 시작 장면에서 조이스는 우리에게 미래 예술가가 세계를 어떻게 인식하며 해석하는지에 관한 근거를 제시하고 있다.

스티븐의 유아기에서 예수회 남자 기숙학교인 클롱고스 우드 칼리지에서의 초기 생활로 옮겨가면서 조이스는 스티븐의 인성에 커다란 영향을 미친 세 가지 주요 사건에 초점을 맞춘다. 첫째, 스티븐은 같은 반 학생에게 밀쳐져 뚜껑 열린 하수구에 빠지고, 그 일로 열이 나서 양호실에 있게 된다. 거기서 그는 자신이 '다르다'는 사실, 즉 소외감을 인식하기 시작한다.

그 후, 여섯 살쯤 집으로 와서 가족과 함께 크리스마스 만찬을 즐기는 자리에서 처음으로 만찬 식탁에 어른들과 함께 앉을 수 있게 된다. 이 즐거운 행사는 스티븐의 늙은 가정교사 단티 리오던과 만찬 손님 케이시 씨의 열띤 정치 논쟁 때문에 엉망이 되면서, 스티븐은 성인 사회에서의 종교와 정치 문제에 관해 혼란스러운 인상을 갖는다.

학교로 돌아온 스티븐은 우연히 안경을 깨뜨려 과제를

해내지 못한다. 그는 가학적인 학사감독관에게 부당하게 창피를 당하고 처벌을 받지만 한 친구의 격려에 힘입어 겁은 나면서도 용감하게 교장을 찾아가서 일을 바로잡는다. 이 면담이 성공함으로써 스스로에 대해 자신감을 되찾게 되고, 잠시 동안이나마 동기들의 인기를 얻는다.

블랙록의 집에서 짧은 여름휴가를 보낸 스티븐은 아버지의 재정 상태가 어려워져 클롱고스 우드로 돌아갈 수 없다는 사실을 알게 된다. 대신에 그는 명성이 뒤지는 예수회 통학학교인 벨베데르 칼리지에 등록하고, 에세이 필자이자 학교 연극의 훌륭한 배우로서 명성을 얻는다. 그러나 이러한 성취에도 불구하고 문학과 창작에 대한 깊은 관심과 커져가는 종교적 회의로 인해 점점 더 동기들로부터 소외감을 느낀다. 그 소외 의식은 아버지와 함께 코크 시로 여행하는 과정에서 아버지의 약점을 더 많이 알게 되면서 강해진다.

스티븐은 더블린에서의 생활 속에 나타난 막다른 현실들을 점점 더 혐오하게 된다. 가톨릭교회에 대한 신앙의 상실과 가족의 처지, 그리고 자신의 문화적 억압 상태에 좌절한 그는 '마음속의 격한 열정을 달래고자' 도시의 사창가를 떠돌다가 더블린의 매춘부에게서 순간의 위안을 얻는다. 그는 열네 살이었고, 첫 성경험이다.

한동안 '죄스러운 삶'을 보내다가 사흘간의 강렬한 영적 피정에 참가한 스티븐은 죄의식과 가책에 압도된다. 아놀 신부가 자기를 놓고 말하고 있다고 믿을 정도다. 공포에 짓눌린 그는 카푸친회*의 노사제에게 고해성사하고 도덕적 개심(改心)을 서약한 뒤 정결과 헌신의 삶에 다시 전념한다. 그는 매일 열정적인 기도를 하고, 가능한 한 많은 예배에 참석한다.

지극히 경건한 행동을 목격한 교장은 스티븐에게 사제직 입문을 고려해 보도록 권한다. 처음에는 성직자로서의 삶에 매료되어 고무되지만 점점 더 육신의 욕정으로 고통스러워하다가 '내재된 죄악의 본성' 때문에 종교적 소임을 거부해야 한다고 깨닫는다.

자기 자신을 알게 된 스티븐은 예술가로서의 운명을 조형(造形)하기 위해 대학에 등록하기로 결정하고, 곧이어 극적인 '현현'이 발현한다. 바닷가에서 보게 되는 물을 건너는 소녀가 삶 속에서 경험하고 싶은 유혹, 희망, 방종을 구현하는 존재로 비치는 것이다. 바로 그 순간, 그는 예술적 표현의 삶을 살 때 이러한 경험을 얻을 희망이 있다는 것을 깨닫게 된다.

이 일이 있고 얼마 지나지 않아 스티븐은 자신의 가치관과 신조를 추구하는 젊은이로서 새로운 인생을 시작한다. 다른 대학생들과 비교해 보면 종종 반사회적이고, 다른 사람들의 명분을 지지하기보다는 자기 관심사를 추구하는 데 더

---

* **카푸친회**(Capuchin): 프란체스코회의 한 분파. 프란체스코가 정한 회칙을 엄수하며, 기도와 선교에 힘쓴다. 생활 태도가 매우 엄격하고 소박함.

집중하는 듯 보인다. 심지어는 스스로도 대부분의 자기 친구들과 달리 특이하게 내성적이라고 생각한다. 그는 전형적인 무모한 대학생도 아니고, 맹목적 애국주의자들의 소란도 거부하며, 가톨릭 신앙을 존중하기는 해도 종교의 교의가 자신의 삶을 지배한다는 것도 더 이상 믿지 않는다. 결국 스티븐은 아리스토텔레스와 아퀴나스의 철학에 근거한 자신의 미학적 예술 이론을 친구들과 학감과의 대화를 통해 발전시킨다. 동시에 자신의 예술혼을 발견하기라도 한다면 신앙, 가족, 국가의 모든 구속과 단절하기로 결의하고, 자기 영혼의 '창조되지 않은 양심'을 '단련하기 위해' 더블린을 떠나기로 마음을 굳힌다.

등장인물

〈젊은 예술가의 초상〉은 엄밀히 말하면 자전적 소설이 아니지만 조이스는 자신의 실제 생활 요소들을 교묘히 허구의 융단에 많이 짜넣었다. 등장인물들 대부분은 실제로 작가의 삶 속에 존재했고, 거의 모든 경우에 성숙해가는 예민한 예술가 스티븐 데덜러스에게 영향을 미친 아일랜드의 종교적·사회적·문화적 요소를 나타내는 허구적 대변자들이다.

데덜러스 가족

스티븐 데덜러스 *Stephen Dedalus* 시력과 체력이 약하고 운동에도 소질이 없기 때문에 어려서부터 내성적이고 지적 호기심이 많다. 여느 예민한 아이들처럼 항상 쪼들리는 집안 형편을 부끄러워하며, 나중에는 아일랜드 민족주의와 가톨릭교회의 무력과 무능을 깨닫고 번민한다. 점점 다른 사람들로부터 소외감을 느끼며 모든 형태의 감정적·지적·영적 억압에서 탈출하기로 마음먹고 자신의 예술혼을 찾아서 아일랜드를 떠나 유럽 대륙으로 향한다.

사이먼 데덜러스 *Simon Dedalus* 스티븐의 무능한 아버지. 호인이지만 나약하고 신뢰할 수 없는 인물. 책임 있는 부모의 역할보다는 과거에 대한 자기기만적 망상에 빠져 살기를 즐긴다. 지나치게 감상적인 골수 민족주의자로서 아들에게 모범이 되지 못하며, 아들에게 한 유일한 충고는 친구를 잘 선택하고 '고자질하지' 말라는 것이다. 5장에서 스티븐은 사이먼을 아버지라기보다 '의대생, 노잡이, 테너, 아마추어 배우… 술꾼, 호인, 이야기꾼… 그리고 자기 과거의 예찬자'로 묘사한다.

메리 데덜러스 *Mary Dedalus* 스티븐의 어머니. 신앙심이 깊지만 정치에는 무관심하고 잦은 임신과 가난, 짐만 되는 의지박약한 남편 때문에 순교당한다고 느낀다. 스티븐이 가족과 친구, 그리고 가톨릭 신앙을 떠나 외국 생활을 하면 불행해질 것이라고 염려한다. 소설 말미에서 아들이 아일랜드를 떠나게 되자 상심한다.

모리스 데덜러스 *Maurice Dedalus* 스티븐의 동생. 아버지는 '멍청한 불량배'라고 부른다. 스티븐처럼 예수회 통학학교인 벨베데르 칼리지에 다니게 된다.

찰스 삼촌 *Uncle Charles* 데덜러스 가족과 함께 사는 스티븐의 종조부(아버지가 삼촌이라 부른 데서 굳어진 호칭). 연로하지만 '잘 그을린 피부에 하얀 구레나룻이 난 주름진 얼굴의 건장한 노인'. 아침 시간에 어린 스티븐과 산책하면서 근처 상점에 들러 무단으로 한 움큼씩 물건들을 집어주기도 한다. 아일랜드의 따뜻하고 기운찬 과거의 표상으로, 데덜러스 가족과 함께 살다가 세상을 떠난다.

단티 아주머니(리오던 여사) *Aunt Dante(Mrs. Riordan)* 데덜러스 집안 아이들의 의욕 넘치는 가정교사. '박식하고, 명민하며' '무엇보다도 하느님과 종교'를 우선시한다. 스티븐이 처음으로 어른들과 크리스마스 만찬을 갖는 자리에서 그녀의 확고한 종교적 신념과 찰스 스튜어트 파넬에 관한 케이시 씨의 정치적 견해가 격렬하게 충돌한다. 그녀가 사이먼과 케이시 씨에게 대고 파넬을 비난하자 결국 두 사람은 몰락한 지도자의 불운과 조국의 위태로운 미래를 걱정하며 울음을 터뜨린다.

케이티, 매기, 부디 데덜러스 *Katey, Maggy, and Boody Dedalus*　스티븐의
여동생들. 5장에서 스티븐이 대학으로 떠날 준비를 할 때 도와주기 위
해 잠깐 등장한다.

기타 인물들

(존) 케이시 씨 *Mr. (John) Casey*　사이먼 데덜러스의 절친한 친구. 주요 장
면인 크리스마스 만찬 때 찰스 스튜어트 파넬에 관해 리오던 여사와
열띤 논쟁을 벌인다. 민족주의적 명분을 열렬히 지지하고, 파넬을 옹
호하는 대중연설로 수차례 투옥 전력을 지닌 인물. 성직자들이 강단
과 고해실에서 파넬을 부도덕한 인물로 매도함으로써 정치적 역량을
훼손했다며 분노한다.

아일린 밴스 *Eileen Vance*　데덜러스 이웃의 개신교 집안 딸. 스티븐이 어
렸을 때 크면 아일린과 결혼하겠다고 말하자 단티가 몹시 화를 내면
서 그 같은 '죄스런' 결합은 불가능하다며 단호히 단념시킨 적이 있다.
따라서 스티븐이 원했으나 이러저러한 이유로 다른 사람들에 의해 단
념하게 된 여러 여성들 가운데 최초의 인물. 특히 스티븐은 아일린의
차갑고 부드러운 '길고 하얀 두 손'을 기억한다. 그 손의 이미지 때문
에 스티븐은 복되신 동정 마리아 호칭기도에서 무턱대고 자주 반복했
던 '상아탑'이란 용어의 의미를 깨닫게 된다. 아일린의 특징은 결국 'E'
로 지칭된 다른 여성들—'에머'와 'E-C-'와 '에머 클러리'—과 섞이
게 되는데, 모두 그가 여성에 대해 지니는 모호하며 혼란스럽고 갈등
에 싸인 정서를 드러낸다.

아놀 신부 *Father Arnall* 엄격하고 속이 좁으며 화를 잘 내는 라틴어 선생. 스티븐의 친구 플레밍이 숙제를 제대로 하지 않자 교실 바닥 한가운데 무릎 꿇는 벌을 준다. 3장에서 피정 기간중에 '불과 유황'이라는 최후의 심판일에 관한 설교를 한다.

돌란 신부 *Father Dolan* 거만하고 가학적인 안경쟁이 학사감독관. 스티븐은 '회백색 얼굴에 색깔 없는 (잔인한) 눈'을 가졌다며 쥐의 특징으로 그를 묘사한다. 스티븐이 안경이 깨졌기 때문이라고 설명을 해도 라틴어 과제를 피해 보려는 수작이라며 창피를 주고, 스티븐의 대답을 '애송이들의 낡은 수법'이라며 손바닥을 때린다. 이후 스티븐은 성직자들의 진실성을 의심하기 시작한다.

콘미 신부 *Father Conmee* 자애로운 교장. '친절해 보이는 얼굴'과 '차갑고 축축한 손바닥'을 지녔다. 스티븐은 돌란 신부의 부당한 체벌에 대해 교장의 판단을 구한다. 공정하고 동정심이 많은 그는 새 안경이 도착할 때까지 스티븐에게 과제를 면제해 줌으로써 스티븐의 의구심을 누그러뜨리지만 이후에 이중성을 드러낸다. 독자는 그가 매질 사건을 하찮은 일로 간주하고 스티븐의 아버지와 그 일을 이야기하며 웃어넘긴 것을 안다. 그 일을 알게 된 스티븐은 다시 한 번 아버지와 예수회 교단, 나아가서 교회에 배신감을 느낀다.

마이클 수사 *Brother Michael* 스티븐이 학교 양호실에 있는 동안 돌봐주는 유쾌하고 '붉은 빛이 감도는 회색 머리의' 간호사. 위협적이지 않은 권위를 표상하는 인물로서 파넬의 사망 기사에 슬퍼하는 모습을 보고 스티븐은 동정심을 느낀다.

플레밍 *Fleming* '멋지고' 세심하며 든든한 스티븐의 친구. 스티븐이 아프게 된 이유가 도랑에 빠진 일 때문인 것을 제일 먼저 알아차린다. 스티븐의 교재에 장난스런 시를 적어 넣어 우주 속에서의 스티븐의 존재를 확인시키기도 한다. 이후 꾀를 부린다는 선생님의 지적을 받고 매를 맞는다.

잭 로튼 *Jack Lawton* 스티븐의 친근한 경쟁자. 수업중 랭카스터 팀의 대표로서 스티븐의 요크 팀과 대항한다.

심술쟁이 로시 *Nasty Roche* 부유한 치안판사의 응석받이 아들. 스티븐에게 특이한 이름과 가족에 대해 처음으로 질문한다. 돌란 신부가 스티븐을 부당하게 매질한 것에 화가 나서 스티븐에게 콘미 신부를 찾아가 항변하라고 권한다.

웰스 *Wells* 성격이 거칠고 제멋대로 구는 학생. 스티븐이 어머니께 키스를 하는지 물어 예민한 성격을 조롱한다. 스티븐을 '사각 도랑'(변기통)으로 밀쳐, 열이 나 양호실에 누워 있게 만든다.

어사이 *Athy* 경주마 소유주의 아들. 스티븐이 양호실에 있는 동안 친근하게 대한다. 스티븐과 마찬가지로 마이클 수사를 좋아하고, 자기 성도 스티븐처럼 특이하다는 것을 인정한다.

로디 키컴 *Rody Kickham*, **세실 선더** *Cecil Thunder*, **사이먼 무난** *Simon Moonan*, **해밀턴 로원** *Hamilton Rowan*, **도미닉 켈리** *Dominic Kelly*, **터스커 보일** *Tusker Boyle*, **지미 매기** *Jimmy Magee*, **패디 래스** *Paddy Rath*, **코**

리건 *Corrigan*, **캔트웰** *Cantwell*, **소린** *Saurin*, **앤서니 맥스와이니** *Anthony McSwiney* 클롱고스 우드 칼리지의 학생들. 스티븐과 강하게 대비되는 인물들로, 스티븐의 예술적 기질과 내성적 태도에 반대되는 성향을 대변한다. 대부분 거칠고 무례하거나 사교적이지 않다.

오브리 밀스 *Aubrey Mills* 스티븐과 친구가 되어 여름을 함께 보내며 텃밭 '서리하기,' 해변의 바위 위에서 결투하기, 농장의 암소들 사이에서 암말 번갈아 타기 등 많은 모험을 즐긴다. 그 경험은 스티븐이 벨베데르 칼리지에 가기 전 블랙록에서 지낸 즐겁고 목가적인 기억으로 남는다.

마이크 플린 *Mike Flynn* 사이먼 데덜러스의 노쇠한 친구. 손가락은 담뱃진에 찌들어 있으며 '짧은 수염이 덮인 맥없는 얼굴에다 빛을 잃은 푸른 눈'을 하고 있다. 스티븐이 블랙록에서 여름을 보내는 동안 '달리기 지도'를 해준다.

벨베데르 칼리지(2장-4장)

빈센트 헤론 *Vincent Heron* '고음에다 쉰 목소리'를 갖고 있으며 '창백한 멋쟁이 얼굴'을 하고 있는데, 생김새가 새를 닮았고 이름도 새의 이름(왜가리)이다. 벨베데르에서 스티븐과는 친구이자 경쟁자다. 종종 지나치게 보수적인 스티븐의 태도와 행동을 조롱한다.

월리스 *Wallis* 빈센트 헤론의 절친한 친구이자 충실한 추종자. 빈센트의 매너와 기사도적인 태도를 흉내 내려고 해보지만 대개는 어색해 하며 성공하지 못한다.

버티 탤론 *Bertie Tallon* 학교 연극에서 화장을 하고 가발에다 차양 모자를 쓰고 혼자 춤추는 여자 역할을 해서 연극 도중 조롱의 대상이 된다.

볼랜드 *Boland* '만면에 히쭉한 웃음을 짓는' 소년. 스티븐이 '저능아'라고 부른다. 전형적인 골목대장이며 스티븐을 조롱해 가장 좋아하는 시인을 논하게 만든다.

내시 *Nash* 스티븐과 같은 반 학생으로, 볼랜드의 친구. '크고 붉은 머리'를 가졌다. 스티븐이 '게으름뱅이'라고 부른다. 바이런보다 테니슨이 더 좋은 시인이라고 주장해 스티븐을 자극한다.

아놀 신부 *Father Arnall* 3장에서 사흘간의 피정을 주도한다. 그의 '영적 훈련'에서 지옥불과 유황을 생생하게 묘사한 설교에 혼비백산한 스티븐이 즉시 지은 죄를 사죄 받을 길을 찾는다.

조니 캐시맨 *Johnny Cashman* '팔팔한 노인네'로, 사이먼 데덜러스의 옛 친구. 스티븐은 이 노인의 농담, 특히 사이먼과 종조부를 바람둥이에다 술꾼으로 묘사하는 것에 거부감을 느낀다.

더블린의 유니버시티 칼리지 (5장)

학감 *Dean of Studies* 영국 출신 예수회 사제이며, 정신적 아름다움과 물질적 아름다움의 차이에 관해 스티븐과 토론한다. 스티븐이 아리스토텔레스와 아퀴나스를 선호하는 것과 관련해서 스티븐처럼 예술에 대해 '자유분방한' 흥미를 갖는 것보다는 예술의 '실질적인' 적용을 선호한다고 말한다. 스티븐과 비교해 볼 때 그의 견해는 범속하고 철학적 통찰이 부족하다.

크랜리 *Cranly* 스티븐의 박애주의자 친구로, '사제 같은 얼굴'에 '여성스런 눈'을 하고 있다. 스티븐은 그에게 '자신의 영혼의 격정과 불안과 갈망'을 털어놓는다. 그는 스티븐이 예술가의 생애에 꼭 필요하다 여겨 반기는 고독감에 우려를 표시하고, 소외와 불신앙의 위험에 대해 경고하면서 아일랜드를 떠나려는 결정을 재고하도록 촉구한다.

린치 *Lynch* 스티븐의 불손하고 거칠며 천박한 친구. 파충류 같은 눈은 '시든' 영혼을 암시한다. 함께 걷는 동안 스티븐은 그를 공명판으로 삼아 아리스토텔레스가 제시하지 않은 두 개의 철학적 정의를 설명하고, 미학에 관한 개인적인 이론도 들려준다.

데이빈 *Davin* 견실하지만 편협한 농촌 총각. 스티븐의 친구이자 대학 동기. 그의 과격한 아일랜드 민족주의는 아일랜드 농부 계층의 긴장과 폭력성을 대변하며, 스티븐에게는 투철한 애국심도 피해야 할 대상임을 보여준다.

매칸 *MacCann* '불법 점거민의 모습'을 한 '자칭 민주시민'. '미래의 유럽 합중국에서 계급과 성별을 막론하고 사회적 자유와 평등'이 펼쳐지도록 청원서를 헌신적으로 배포한다. 스티븐이 그가 명시한 사회적 양심에 순응하기를 거부하자 이기적인 엘리트주의자라고 부른다.

템플 *Temple* 매우 감정적인 '집시 학생.' 스티븐의 예리한 지성과 열정적인 개성을 찬탄한다. 스티븐이 매칸의 청원서에 서명하지 않은 것을 존중하며, 이 사건을 기화로 크랜리에 대한 공공연한 혐오감을 드러낸다.

모이니한 *Moynihan*, **매칼리스터** *MacAlister*, **도노반** *Donovan*, **딕슨**

Dixon, **오키프** *O'Keefe,* **고긴스** *Goggins*, **글린** *Glynn*, **슐리** *Shuley*, **에니스** *Ennis*, **코넬리** *Connelly* 전형적인 유니버시티 칼리지 대학생들로 지적이고 문화적인 다양성을 대변한다. 스티븐은 그들로부터 태도나 행동에서 스스로를 차별한다.

Chapter 1 예민한 범생이 데덜러스

Chapter 2 욕망의 세계에 눈을 뜨고

Chapter 3 절망, 고민, 그리고 고해성사

Chapter 4 장인 데이달루스의 의미를 되새기다

Chapter 5 예술적 비상을 위해 독립을

Chapter 1

 **예민한 범생이 데덜러스**

소설이 시작할 때 우리는 한 아이의 마음속에 있게 된다. 동요 가사의 편린들이 느낌, 촉감, 소리, 냄새 등의 연상 및 감각들과 뒤얽힌다. 독자를 한 아이의 내면으로 안내해 아이가 어떻게 주변 세계를 기록하고 반응하는지를 보여주는 것이다. 조이스가 언어와 구문을 세심하게 선택했기 때문에 독자는 스티븐 데덜러스가 유아기에 가졌을 법한 기억을 공유할 수 있게 된다.

겨우 세 살밖에 되지 않은 스티븐은 외부 세계, 가족 구성원, 그리고 언어의 감각적 세계를 자신과 동일시하기 시작한다. 그는 털이 많은 아버지의 얼굴, 어머니의 달콤한 냄새, 잠결에 오줌을 싸고 느끼는 불쾌한 경험, '애기 터쿠'[*]나 '음매 소'[**] 같은 특별하고 공상적인 단어들을 기억하며 그때가 좋았다고 말하는데, 이것은 그가 위험에서 벗어나 안전하고 안정감을 누릴 수 있었다는 의미다. 그가 들장미, 즉 '야생' 장미에 관한 노래를 가장 좋아했다는 사실은 의미심장하다. 반항과 자유를 갈망하는 기질이 이미 싹트고 있었던 것이다.

스티븐의 다음 기억은 3년 후로 건너뛴다. 그때 그는 예수회 기숙학

---

[*] **베이비 터쿠**(baby tuckoo): 아기 스티븐.

[**] **음매 소**(moocow): 음매음매, 암소를 뜻함.

교인 클롱고스 우드 칼리지에 재학중이고, 한 무리의 거친 학생들과 경기를 하고 있다. 다른 학생들에 비하면 작고 허약한 그는 나쁜 시력과 심한 향수병으로 고생하는데, 이처럼 서글픈 나날이 계속되는 동안 집 생각을 하며 스스로를 위로한다. 이런 것들을 생각하는 모습에서 그가 고독하며 예민한 아이라는 것이 분명해진다. 실제로도 그는 공부를 좋아하고, 저녁 기도로 얻게 되는 힘에 의지한다.

　　클롱고스에서 스티븐은 첫 번째 위기를 맞는다. 깡패 같은 급우 웰스가 그를 사각 도랑(변기통)에 밀어 넣은 것이다. 이 때문에 열병을 앓게 된 그는 양호실에 들어가고, 그곳에서 경주마 소유주의 아들 어사이를 만난다. 어사이는 자기도 스티븐처럼 특이한 이름을 가졌다고 털어놓는다. 그리고 다소 슬픈 듯하지만 동정심 많은 마이클 수사도 만난다. 그는 아픈 아이들을 간호하고 신문을 읽어주며 외로움을 덜어준다.

스티븐은 병 때문에 침울하기는 해도 자신의 아름다운 장례식과 친구의 죽음을 초래한 웰스가 몹시 후회하는 모습을 상상하며 마음을 달래다가 선잠에 빠져든다. 그는 빛의 '파도'와 상상 속의 파도 소리, 그리고 마이클 수사가 젊고 낭만적인 아일랜드의 영웅 찰스 스튜어트 파넬의 사망에 관해 읽어주는 단어들을 자장가 삼고 있다.

파넬의 죽음은 스티븐이 가족과 함께 크리스마스를 보내기 위해 집으로 오는 다음 장면에서 더욱 중요해진다. 크리스마스 만찬에는 스티븐의 부모(메리와 사이먼), 존 케이시 씨(사이먼의 친구), 스티븐의 종조부 찰스, 그리고 늙은 가정교사 단티 리오던이 동석한다. 스티븐은 난생 처음으로 어른들과 함께 식탁에 앉게 되자 각별한 흥분을 느낀다.

그러나 만찬의 흥취는 가톨릭교회의 정치적 역할과 사망한 아일랜드 민족주의자 찰스 스튜어트 파넬의 추종자들에 대한 교회의 태도를 둘러싸고 언쟁이 벌어지는 바람에 곧 깨지고 만다.

열렬한 파넬 지지자인 케이시는 파넬과 그의 명분에 가해진 아일랜드 사람들과 가톨릭교회의 부당한 처사를 나무라며 파넬을 변호한다. 교회가 그를 괴롭혀 무덤으로 내몰았다는 것이다. 그 주장에는 당연히 파넬과 유부녀인 키티 오세이의 유명한 연애사건에 관한 언급도 있었는데, 단티 리오던이 교회의 비난을 격렬히 옹호하고 나선다. 케이시는 교회가 세속적인 일에 개입했기 때문에 아일랜드의 자치를 보장해 줄 것 같았던 정치적 이력을 끝장냈다고 말한다.

그 언쟁은 모욕적인 말을 주고받으며 점점 더 격렬해지고 마침내 단티가 의기양양하게 "우리가 파넬을 짓밟아 죽였어요!"라고 외치면서 막을 내린다. 그녀가 문을 세게 닫고 나가버리자 사이먼과 케이시는 영웅의 죽음을 슬퍼하며 눈물을 떨군다.

클롱고스로 돌아온 스티븐은 성물 안치소에서 제단 포도주를 훔친 몇몇 학생들의 처벌을 놓고 벌어지는 대화를 엿듣게 된다. 어둡고 고요한 성물 안치소와 제반 성물들에 대해 생각하던 그에게 갑자기 아일린 밴스의 모습이 떠오른다. 그녀의 상아 같은 손은 너무 부드러워 성모 호칭기도에서 그가 따라하는 두 개의 경건한 단어 '상아탑'과 '황금 궁전'을 생각나게 한다. 수업을 알리는 소리가 나면서 몽상은 끝이 난다.

아놀 신부의 라틴어 수업 시간에 학사감독관인 돌란 신부가 위협적인 회초리를 휘두르며 '게으르고 나태한 놈팡이 녀석들'을 색출하러 나타난다. 돌란은 플레밍과 스티븐이 과제를 하지 않는 것을 발견한다. 플레밍을 매질한 돌란이 스티븐에게로 다가온다. 스티븐은 안경을 깨뜨려서 당분간 과제를 면제받았다고 설명한다.

스티븐이 실수로 안경을 깨뜨렸다는 말을 믿지 않는 냉소적이고 가학적인 돌란은 손을 내밀고 매를 맞으라고 지시한다. 게으름을 피우거나 꾀를 부리는 학생에게 내리는 벌이란 것이다. 이후 스티븐은 창피한 데다 이 부당한 잔인성 때문에 화까지 난다. 덩달아 화가 난 급우들은 스티븐이 학사감독관의 부당함을 교장에게 알려야 한다고 생각한다.

그 같은 대담한 행위의 결과를 잠시 생각한 스티븐은 '성(城)'으로 이어지는 꾸불꾸불한 회랑을 따라 걷기 시작한다. 스티븐이 깨진 안경에 관해 거짓 없이 이야기하자 그 자신도 놀랄 정도로 콘미 신부가 공감을 표시하며 친절히 대해 준다. 그는 스티븐을 대신해서 돌란 신부와 그 문제를 해결하겠다고 약속한다. 그 만남의 결과가 만족스러운 스티븐은 즐거운 기분으로 성의 어두운 회랑을 달려 나온다. 급우들은 그를 지도자와 영웅으로 환영하고는 손을 맞잡고 그 위에 태운다. 은유적으로 볼 때 스티븐은 잠깐이지만 두려움과 구속에서 벗어나 날고 있다.

소설의 서두에서 우리는 스티븐이 주변 세계를 처음으로 중요하게 인식하는 순간에 그와 만난다. 그는 '애기 터쿠', 사람들이 이야기를 들려주고 노래를 불러주는 존재, 곧 우주의 중심이다. 우리는 그 세계를 정확히 스티븐과 똑같이 인식한다. 그의 인식의 통로인 소리, 냄새, 감각 등은 모두 일련의 비교를 통해 선/악, 차가움/뜨거움, 빛/어둠 등의 이미지 모티프로 소개된다.

심지어 그는 유아기임에도 불구하고 아버지보다 어머니를 더 좋아하는 것이 분명하고, 가정교사 단티의 정치적·종교적 이념을 무의식적으로 인식한다. 그리고 "눈알을 빼겠다, 잘못했다고 말하라…"는 후렴 때문에, 모종의 갑작스럽고 자연적인(자발적이거나 예술적인) 감정의 표현, 이를테면, 개신교 집안의 딸 아일린과 결혼하겠다는 선언과 같은 표현은 엄격하고 현실적인 가족 구성원으로부터 즉각적인 징벌을 부른다는 사실도 알게 된다. 당연히 이후에 직면하게 되는 사회적 비난은 스티븐의 자발적인 감정 표출이나 예술적 표현에 대한 이 같은 가족들의 비판과 평행을 이룬다.

비난에 스티븐이 지나치게 예민한 반응을 보이는 것은

그가 '다르다'는 것을 입증한다. 그는 이유도 모르면서 심한 죄의식을 느끼고, 이후에도 다른 일로 죄의식 때문에 고통스럽고 혼란스러워하는 순간들을 경험하게 된다.

　　이어지는 클롱고스에서의 장면은 스티븐의 소외 의식이 커져가는 것에 초점을 맞춘다. 이 단락에서 사용된 조이스의 비유적 표현 ─ '몰려들며… 힘차게 외치고… 창백하고 쌀쌀한… 쿵… 번들거리는…' ─ 은 스티븐이 새로운 환경에 대해 전반적으로 불편해 하는 기분을 나타낸다. '무거운 새'라는 말은 낮게 날아가는 묵직한 축구공을 가리키는데, 소설 곳곳에 퍼져 있는 새의 이미지를 소개하고 있다. 여기서는 그 이미지가 소설에 통일성을 부여하는 신화 속의 탈출이란 주제를 확인시키는 데 사용된다. 어린 데덜러스는(이름이 같은 그리스인 데이달루스) 최소한 그 순간만큼은 탈출하고 싶어도 할 수 없는 적대적 환경에 놓여 있다는 사실을 알고 있다. 마찬가지로 스티븐(최초의 기독교 순교자)이란 이름도 독특해서 조롱당한다. 그는 불량스런 급우 로시로부터 이름에 대해 사정없이 심문을 받는다.

　　스티븐은 부모가 작별인사와 함께 클롱고스의 험악한 미로 같은 새 생활 속에 그를 덩그러니 남겨놓은 채 떠나버린 그 날을 생각하면 고독감이 커진다. 그곳에서는 '번득이는 눈들과 진흙투성이 장화가 무서웠고… 밀고 당기는 소용돌이 속에 갇혀' 있다는 생각이 든다. 이내 그는 아름답다고 생각하는 것들을 마음속에 담아두었다가 나중에 단어로 재창조하는 작업을 통해 일시적으로나마 학교생활의 잔인한 현실에서 벗어날 수 있다는 사실을 깨닫는다.

예를 들어, 불 켜진 성을 반추할 때는 "그것은 책에나 나올 법한 광경이었다"라고 말한다. 여기서는 어리지만 창조성의 본질을 통찰하는 능력이 엿보인다. 물적인 대상을 예술적 형태로 번역할 수 있는 것이다. 그는 단어를 중요하게 생각하기 시작할 뿐 아니라 단어의 특수한 조합이 '콘월 박사의 철자 책에 있는 멋진 문장들'을 '시처럼' 보이게 만든다는 것도 깨닫는다. 스티븐은 이미 어린 예술가다. 이 장면은 스티븐이 단조롭고 사제의 삶에서 궁극적으로 탈출할 것임을 밝히는 데 중요한 역할을 한다.

스티븐의 예술적 몽상은 현실 생활로 인해 갑자기 방해를 받는다. 여기서 우리는 스티븐이 예술적이기는 해도 여전히 어린아이라는 사실을 떠올리게 된다. 그는 심술궂은 급우에게 떠밀려 '사각 도랑'에 빠진 상황을 혐오스러운 부분까지 세세히 묘사하는데, 여기서 독자는 그가 느낀 감각에 반응함과 동시에 차갑고 질척거리는 (변기통의) 물에 빠진 급작스러운 충격이 매우 상징적이라는 것도 인식해야 한다. 그 봉변은 스티븐이 혐오스럽고 잔인한 세계로 거칠게 입문한 것이다. 물론, 그 세계는 따뜻하고 안전한 가정과는 매우 다르다. 이 두 세계의 대비와 일련의 뜨거움/차가움 이미지의 대비(뜨거움은 자연스러워서 좋지만, 차가움은 냉혹해서 나쁘다.)는 일련의 비교를 제공하며, 스티븐이 클롱고스란 새로운 세계에서 자기 자리를 찾기 위해 해결해야 할 갈등들을 대변한다.

스티븐이 직면해야 하는 충돌 하나는 수업중 요크 팀과 랭카스터 팀의 경쟁이다. 이 팀의 이름은 장미 전쟁*에 휘말렸던 영국 왕족들의 이름에서 따온 것이다. 비록 붉은 장미 또는 흰 장미인 팀의 배지가 두 정치 세력을 대표하지만, 스티븐은 그러한 시합에서 이기는 일에는 정녕 관심이 없다. 그는 '들장미 꽃'의 무한한 가능성을 허용할지도 모를 세계에 집중하고 있는 중이다. 여기서 스티븐은 미래에도 역시 마찬가지겠지만 종교 및/혹은 정치를 지배하는 독단적인 구속을 피하고, 대신에 길들지 않은 창조적 본성을 자유롭게 표현할 수 있는 보다 관용적인 세계를 (마음속에) 재창조하는 쪽을 선호한다.

조이스는 우리에게 스티븐의 '다른 점'과 소외감을 알려준 것 외에 충절, 특히 '모국' 아일랜드에 대한 그의 충성심의 문제를 거론한다. 대체로 아일랜드를 대변하는 인물은 스티븐의 어머니 메리 데덜러스이다. 그는 기숙학교에 있으면서 어머니로부터 추방당했다고 생각하는데, 이것은 나중에 그가 모국을 떠나려고 할 때 느끼는 불안감을 암시한다. 소외감

---

* **장미 전쟁**(War of Roses, 1445-85): 영국의 귀족 랭카스터 가와 요크 가 사이에서 벌어진 내란. 전쟁의 명칭은 두 가문의 문장(紋章) ─ 붉은 장미와 흰 장미 ─ 에서 유래.

과 외로움 때문에 '어머니 무릎을 베고 누울 수 있는 집'에 가고 싶은 마음이 간절한 그는 어느 날 밤 잠들기를 기다리면서 상상 속에서 귓바퀴를 열었다 닫았다 하며 '기차가 터널로 들어가는' 것 같은 프로이트 식의 감각을 개발하게 된다. 조이스에게 낯설지 않은 이러한 프로이트의 이미지는 출산 경험뿐만 아니라 스티븐이 집과 떨어져 있기 때문에 경험하는 불안/불안 해소의 양태와도 관계가 있다. 이 불안은 웰스가 어머니에게 키스하느냐는 질문을 할 때 커진다. 다시 한 번 강렬한 죄책감을 이해할 수 없는 스티븐은 단어들의 아름다움과 정확성에서 위안을 찾는다.

어느 날 자신의 고독에 대해 깊이 생각에 잠겨 있던 스티븐은 교재에다 '스티븐 데덜러스 / 초급반 / 클롱고스 우드 칼리지 / 샐린즈 읍 / 킬데어 군 / 아일랜드 / 유럽 / 세계 / 우주'라고 써넣음으로써 자신의 정체감을 글자로 확립하게 된다. 거대한 세계 속에 자리한 왜소한 존재로서의 인식을 예증하는 이 같은 정체성의 표명은 반복되는 단어들의 힘을 발휘해 통제력을 창조적으로 확립하기 위해 자신의 방식에 따라 자기 인생의 세세한 면면을 의식적으로 조정하려는 시도를 시작했음을 알려준다.

그러나 스티븐이 말에 의존해도 해결할 수 없는 갈등의 영역이 존재한다. 종교는 어린아이에게는 힘든 문제다. 그는 암기한 기도를 반복하면서 위안을 찾고 위로를 받지만 동시에 영원한 저주의 영원한 지옥불이란 개념 때문에 두려워한다. 그가 잠을 자기 전에 기도문을 암송하는 장면에서 조이스는 가톨릭교회가 권장하는 기계적인 암기에 대해 경멸감을 표시한다. 그러한 기도가 몹시 불안한 사람들에게는 조그만 희망을 주겠지만 궁극적으로 깊이를 헤아릴 수 없는 고통에는 아무런 쓸모가 없다는 것이다. 스티븐의 기도는 조이스의 발언을 반향하는 듯이 보인다. 기도문을 이해조차 못하면서 암송만 하고 있을 가능성이 큰 것이다. 밤에 몸이 떨리는 현상도 기도 이후가 아니라, 죽어서 지옥에 가지 않겠다고 다짐한 이후에 그친 것처럼 보인 상황에 주목하라. 그러나 스티븐은 진정으로 위안을 얻지 못하고, 여전히 학사감독관이 어두운 상상 속의 회랑을 걸어 내려오는 무시무시한 영상에 사로잡혀 있다. 그러한 밤의 공포는 곧 명절 때 집으로 가게 될 것이란 사실을 생각해낸 다음에야 사라진다.

사각 도랑에 빠진 뒤 몸에 열이 오른 스티븐은 이마에 누군가의 손길을 느끼고는 이어서 보게 된 차갑고 끈적끈적한 손과 말똥말똥 빛나는 작은 눈이 생쥐의 것이란 환각에 싸이기 시작한다. 이처럼 설치류에 정신이 팔려 있던 그는 죽은 쥐들, 죽은 생물 일체, 그리고 궁극적으로 자신의 죽음에 대해서까지 생각하게 된다. 생생한 의식의 흐름이 전개되면서 그는 자신의 아름다운 장례식을 곰곰이 생각하며 사람들이 자기를 몹시 그리워하는 모습을 그려본다.

스티븐의 몽상은 갑작스러운 마이클 수사의 출현으로 끝이 난다. 그는 양호실에서 아이들 돌보는 일을 맡고 있다. 스티븐은 마이클 수사가 학교의 다른 성직자들과 달리 사제가 아니라는 사실 때문에 유별나게 친절한 것은 아닐까, 하는 생각이 들고, 친절하기 때문에 그 만큼 성스럽지 못한 것은 아닌지 궁금하다.

스티븐은 양호실에 있는 동안 경주마 소유주의 아들 어사이를 만난다. 어사이는 스티븐과 달리 '야릇한 이름'이 지닌 독특함을 즐기는 듯하다. 따라서 양호실은 스티븐 같은 이들에게는 소우주로 간주될 수 있다. 이를테면, 마이클 수사, 어사이, 스티븐은 소임에서건, 이름에서건, 질병에서건 클롱고스의 세계로부터 소외되어 있는 것이다.

스티븐은 집에 대한 즐거운 기억들과 마이클 수사가 아일랜드 민족주의 지도자 찰스 스튜어트 파넬의 사망 기사를 읽어줄 때의 슬픈 목소리를 자장가 삼아 잠들면서 고독감을 곰곰이 새긴다. 꿈속에서는 자신의 질병에 대한 걱정과 죽음에 대한 두려움이 파넬의 죽음과 겹쳐지면서 자신의 곤경과 배척당한 위대한 아일랜드 영웅의 그것을 동일시한다.

다음 장면에서는 스티븐이 건강하고 행복한 모습으로 나타난다. 그는 집에서 가족과 함께 지내며 크리스마스 만찬을 위해 식탁에 앉으려 하고 있다. 이번 식사는 스티븐이 성인 사회로 입문하는 매우 중요한 행사로서, 식전 감사 기도를 함으로써 어른들 세계에 합류한다. 그가 기대하는 그 세계는 때마다 흥미로운 일들과 즐거움과 평화로움이 가득한 곳이다. 그러나 구세주의 탄생을 기쁜 마음으로 축하하기 위해 열린 만찬이 고성이 오가는 종교적·정치적 논쟁의 자리가 되고 마는 것은 역설적이다. 그들이 막말을 하며 펼치는 논쟁의 초점은 어떤 탄생에 관한 것이 아니라 한때 아일랜드의 구원자, 아일랜드 독립의 희망, 아일랜드의 자치권 획득을 위한 최고의 희망으로 비쳤던 한 사내의 죽음에 관한 것이다.

어떤 의미에서는, 이 충격적인 경험을 통해 스티븐은 가족 어른들에 대한 몇몇 실망스런 사실들과 마주한 셈이다. 스티븐이 친이모처럼 좋아한 단티는 그녀의 신앙과 국가 문제에 개입한 교회를 큰소리로 옹호할 때 보니 융통성이 없고 냉혹한 모습이다. 이 장면이 어린 시절 조이스의 집에서 실제로 일어났던 일을 근거로 했다는 사실은 흥미롭다. 조이스네 자녀들의 가정교사 단티 콘웨이와 파넬을 변호하는 대중 연설로 투옥되기도 했던 아버지의 친구 존 켈리 씨가 크리스마스 만찬 자리에서 큰소리로 언쟁을 벌였고, 얼마나 심하게 고성이 오갔던지 그의 기억 속에 깊이 각인되어 작품 속에서 다시금 강렬하고 세세하게 살려낼 수 있었던 것이다. 그 언쟁을 통해 스티븐은 자유를 추구하는 과정에는 순교가 따른다는 것을 깨닫는다. 이것은 조이스도 언명한 상황으로서 아일랜드가 항상 영웅들을 파멸시킨다는 믿음을 반영한다.

1장의 절정이자 정서적으로 깊은 상처를 남긴 크리스마스 만찬은 스티븐이 순진성을 잃기 시작하는 시점이다. 점차 그는 세상을 냉소적이며 무덤덤하게 바라보게 되고, 머지않아 한때 성스럽다고 생각했던 삶의 영역에서 환멸을 예상하기 시작한다. 그가 학교로 돌아가서 다른 아이들이 예전보다 '더 작고 더 멀어' 보일 때도 마찬가지다. 그는 성물 안치소에서 포도주를 훔친 혐의로 붙들린 아이들을 염려하는 급우들의 말을 듣지만, 신성모독에 대한 세세한 이야기에는 더 이상 충격을 받지 않는다. 오히려 성모 호칭기도의 친숙한 리듬에 의존해서 자신의 새로운 관점을 이해하려 들고, 처음으로 아무 생각 없이 여러 해 동안 습관적으로 써온 단어들의 실제 의미를 음미하기 시작한다. 그리고 그 단어들의 경건함보다는 예술적인 아름다움을 통해 이해하게 된다.

스티븐이 그 기도에서 단어들의 아름다움을 발견하는 것과 대비해 조이스는 돌란 신부로 대변되는 가톨릭교회의 부당하고 잔인한 실체를 병치시킨다. 그는 돌란 신부가 휘두르는 회초리 소리와 움직임뿐만 아니라 회초리로 얻어맞는 것과 연관된 느낌들을 주의 깊고 세세하게 재현한다. 조이스는 여기서 궁극적으로 스티븐에게 일어날 일의 복선을 제시하고, 그 결과, 독자는 그 고통스럽고 부당한 처벌을 더욱 깊이 공유하게 된다.

물론, 처음에는 스티븐도 돌란 신부가 잔인할 것이란

의심은 하지 않는다. 이미 급우들의 잔인한 처사 —특히, 하수구에 밀쳐졌으며 나중에는 한 급우 때문에 탄재 깔린 길에서 안경을 깨뜨리기도 했다— 를 겪어왔지만 가톨릭 신앙이 표방하는 친절과 자비를 대변하리라 예상되는 사람, 즉 성직자로부터는 아직 부당한 처사를 경험하지 못했던 것이다. 돌란 신부가 아이의 순진한 '고해성사'를 듣지 못할 뿐만 아니라 급우들 앞에서 무자비하게 매질하며 즐거움을 느끼는 모습은 본분을 넘어선 모순이다.

잠시 스티븐의 신앙심도 도움이 되지 않는 듯 보이지만 민주적 정의를 요구하는 예전 로마 군중들처럼 급우들이 외쳐대면서 그 부당함에 대한 해결책이 나온다. 바로, 누명을 벗고 돌란 신부의 부당함을 고발하기 위해 교장을 찾아가야 한다는 것이다.

스티븐의 성인 데딜러스는 이제 그 이름의 신화적 대칭인 데이달루스와 관련하여 중요해진다. 데이달루스처럼 스티븐은 학교의 폭정으로부터 탈출하는 유일한 방법은 교장실로 이어지는 어둡고 미로 같은 회랑에 도전해 보는 것뿐이라고 결론내린다. 그리고 교장실로 향할 때는 확립된 전통에 도전하려고 드는 자신을 회랑 벽에 걸린 성인들의 초상화들이 심판하듯 내려다보고 있다는 확신이 들어 불안하고 꺼림칙하다.

스티븐이 교장실에서 감지한 것은 돌란 신부의 권위를 짓밟는 행위에 대해 갖는 지극히 심각한 불안을 상징하듯 생사를 오가는 강한 인상이다. 그가 교장 콘미 신부와 마주할 때, '그 방의 엄숙한 냄새'는 이 만남의 위엄을 암시하고, 탁자 위의 두개골은 스티븐에게 닥치게 될 운명을 예고한다. 스티븐은 교장의 '친절해 보이는 얼굴'과 흔쾌한 태도에 힘을 얻어 "교장 선생님, 제가 안경을 깨뜨렸습니다"라고 당당하고 간결하게 설명한다.

그 만남은 성공적이었고, 홀가분하게 어두운 회랑을 달려 내려온 스티븐을 급우들이 격려하며 반긴다. 목표를 성취했다는 것을 깨달은 그는 전쟁에서 승리하고 개선하는 영웅 같은 기분을 느낀다. 민주적 방식이 승리한 것이다. 급우들이 팔을 엮어서 그를 태우고 다니자 그는 세상을 더욱 호감어린 눈으로 바라본다. "공기는 부드러웠고 회색빛이었고 온화했고 저녁이 오고 있었다." '밝은/어두운, 뜨거운/차가운'을 비유하는 표현 사이의 균형(밝거나 어둡지 않고 회색빛이며, 뜨겁거나 차갑지 않고 온화한)은 그 순간 스티븐의 흡족한 기분을 강조한다. 그러나 '저녁이 다가오고 있었다'라고 한 말에 주목해야 하는데, 지혜롭게 살펴보면, 어둠이 분명히 다가오리란 암시인 것이다.

Chapter 2

 ## 욕망의 세계에 눈을 뜨고

스티븐이 집에서 가족과 함께 여름을 보내고 있다. 브레이에 있던 집에서 더블린 남동쪽 약 9킬로미터 지점의 블랙록으로 이사한 상태다. 그는 아버지, 그리고 종조부 찰스 아저씨와 즐거운 시간을 보낸다. 그는 매일 연로한 찰스 아저씨가 중절모를 쓰고 아일랜드 곡조를 흥얼거리면서 집밖으로 나가서는 냄새가 지독한 '검은 노끈' 담배를 피우며 '정자'(헛간)에서 아침 정화 의식을 준비하는 것을 본다.

의식을 마친 찰스 아저씨와 스티븐은 매일 하던 대로 시내 상점가를 따라 걷는다. 그런 다음 가는 곳은 공원이다. 그곳에서는 매번 아버지의 옛 친구인 마이크 플린을 만난다. 마이크는 스티븐에게 달리기 훈련을 시킨다. 스티븐의 아버지 말에 의하면 플린은 '당대 최고의 주자들 몇 명을 그의 손으로' 길러냈다. 스티븐은 마이크의 '짧은 털로 덮인 맥없는 얼굴… 담배를 말았던 때 묻은 긴 손가락'을 주시하고는 아버지가 마이크의 능력을 과장하지 않았는지 의심한다.

운동을 마친 스티븐은 찰스 아저씨와 교회로 가고, 노인은 기도를 한다. 아저씨의 진지한 신앙심을 이해하지 못하는 스티븐은 왜 그렇게 열정적으로 기도하는지 궁금하다.

주말마다 스티븐은 아버지, 찰스 아저씨와 함께 긴 산책을 하면서 가족의 내력과 아일랜드 정치에 관한 대화를 참을성 있게 듣는다. 물론, 어른들의 말 중에는 못 알아듣는 부분이 있지만, 〈몽테크리스토 백작 *The Count of Monte Cristo*〉의 모험적이고 낭만적인 언어 속에서는 이미 즐거움을 찾기 시작했다. 그는 그 소설을 읽으면서 아름답고 정숙한 메르세데스의 까무잡잡하고 멋진 연인으로 변신한다. 스티븐은 친구 오브리 밀스와 낭만적이고 모험적인 삶에 대한 소년의 욕구를 충족시키는 대담한 전투와 행위들을 여러 차례 재연한다.

여름이 끝날 무렵, 스티븐은 아버지의 쌓여가는 빚 때문에 클롱고스우드 칼리지로 돌아가지 못할 것이란 사실을 알게 된다. 그 직후 그의 가족은 더블린의 '쓸쓸한 집'으로 이사하고, 스티븐은 아버지의 재정 파탄을 깨닫는다. 그는 삶에 고통을 안겨준 비참한 '운명의 변화'에 당혹스러워하면서 사람을 멀리하고 괴로워한다.

스티븐은 불행을 피하기 위해 사랑과 낭만의 환상에 몰두한다. 아름다운 메르세데스를 생각하는 마음은 어떤 소녀에 대한 애정 어린 기억으로 점차 바뀐다. 그는 연인에게 'E―C―에게'라는 시를 씀으로써 폭풍 같은 젊은 감정을 진정시키려고 한다. 그는 이 소녀와의 만남을 예술적으로 재창조하면서 그녀에게 바치는 시를 낭만적이고 바이런식의 비장하면서도 낭만적인 언어로 쓴다. 그 후에는 그 소녀에 대한 열망이 더 커지면서 아직 경험하지 못한 육체적 사랑을 충족시키려고 하는 야릇한 고통 때문에 당혹감을 느낀다.

스티븐은 아버지가 명문 예수회 통학학교인 벨베데르 칼리지에 입학시키려 한다는 사실을 알게 된다. 아버지가 콘미 신부와 돌란 신부를 만나 클롱고스에서 매 맞은 사건에 관해 이야기를 나누었다는 것이 창피스럽고, 힘들게 콘미 신부와 대면한 일을 놓고 모두들 '함께 한껏 웃었다'는 사실이 낯 뜨겁고 당혹스럽다.

그 후 약 2년 반이 흐른다. 스티븐은 열네 살 가량 되었고, 벨베데르에서 자신감 넘치는 학생으로서 학교 연극 무대에 오를 준비를 하고 있다. 그는 그 학교에서 뛰어난 평론가이자 배우, 모범생으로 두각을 나타낸다.

무대에 오를 신호를 기다리며 극장 밖에 있던 그에게 헤론과 월리스라는 급우가 유치한 장난을 걸어온다. 그들은 스티븐의 진지함을 '범생이 짓'이라며 조롱하고, 그가 할 연기에 관심을 보였던 소녀 이야기를 입에 올리며 집적거린다. 스티븐은 그들의 조롱에 불손하게 대답하고는 '고해기도*'를 기계적으로 암송하고, 이전에도 헤론이 자신을 비웃어 비슷한 반응을 하게 만들었던 사건을 떠올린다.

스티븐은 벨베데르에서 지낸 1년을 회상하는데, 가정생활과 미래에 대해 몹시 불안한 느낌을 가졌던 시절이었다. 한 번은 그의 평론이 좋은 반응을 얻어 자부심을 느끼고 있는데 영어 선생님인 테이트 씨가 그의 글 한 편을 논하면서 이단적 사고가 들어 있다는 말을 한다. 그는 테이트 씨에게 뽑혔다는 것에 이상하게도 '막연한… 악의적인 희열'을 느꼈다. 그 후 그와 마주친 헤론과 두 명의 성가신 급우가 노골적으로 질투심을 드러내며 싸움을 걸어온다. 그 자리에서 스티븐은 뉴먼 추기경을 가장 좋아하는 산문 작가로, 바이런을 가장 애호하는 시인으로 인정할 수밖에 없게 된다. 헤론, 볼랜드, 내시 등의 불한당들은 모두 '이단적이고 부도덕한' 바이런보다 테니슨을 더 좋아했기 때문에, 스티븐을 때리며 "바이런이 좋지 않은 녀석이란 것을 인정하라"고 강요했다. 그때 눈물을 글썽이며 도망쳤던 생각이 난다.

그 기억은 아직도 생생하지만 스티븐은 더 이상 그 아이들에게 앙심

---

* **고해기도문**(Confiteor) : 죄의 고백을 위해 미사 동안에 외우는 가톨릭의 기도문.

을 품지 않는다. 그의 분노는 연기하는 모습을 보러 온 소녀에 대한 사춘기적 사랑에 의해 지워지고 만다. 소년들의 조롱은 그녀가 그에게 보인 감탄에 비하면 아무것도 아니다.

스티븐은 '우스꽝스런 교사' 역을 맡았는데, 그 소녀가 공연을 보고 있다고 생각하자 다소 당혹스러운 나머지 자기 대사를 마치고는 서둘러 무대를 떠나 관중과 자기 가족을 지나쳐 나가버린다. 그는 혼란스러웠고, '상처받은 자존심… 좌절당한 희망… 헛물켠 욕망'의 바다에서 버둥거리는 듯한 느낌이 든다.

스티븐이 아버지와 함께 기차를 타고 코크 시로 간다. 사이먼은 코크 시에서 남아 있던 집안의 가재도구들을 경매로 처분하려고 한다. 기차를 타고 있는 동안 지루하고 흥도 나지 않는 스티븐은 아버지를 관찰한다. 아버지는 휴대용 술병의 술을 마시고, 가끔은 과거를 회상하며 눈물짓고, 생각에 잠겨 옛 시절과 가버린 친구들 이야기를 스티븐에게 들려준다. 아버지의 모교인 퀸스 칼리지에 도착한다. 수위는 아버지의 비위를 맞추고, 아버지는 지난 시절에 대해 지루하고 끝없는 이야기를 되뇐다.

마침내 사이먼이 한때 의대생으로 공부했던 계단식으로 된 해부학 강의실에 도착하자 사이먼과 수위는 사이먼의 책상을 찾는다. 잠시 뒤에서 머뭇거리던 스티븐이 아래를 내려다보다가 책상 위에 깊게 새겨진 '태아'라는 단어를 발견하고 깜짝 놀란다. 아버지가 대학 시절을 자세히 이야기하고 있지만, 스티븐은 단어들밖에 들리지 않는다. 그 젊은이들의 환영이 그의 주위에 서서 음탕하게 웃고 있는 듯하다. 갑자기 그는 옛날의 그 젊은이들도 현재 자신을 괴롭히는 성에 대해 '야만적인… 질병' 같은 음침한 생각을 공유했다는 사실을 깨닫게 된다. 지금까지는 성에 대한 집착이 자기만의 문제라고 여겼지만, 해부학 수업 시간에 책상에다 태아라는 단어를 새겨 넣은 이 젊은이들이 스티븐과 손을 잡은 것이다. 따라서 이제는 혼자서만 온갖 음침한 환상을 떠올리는 것이 아니다.

그동안 사이먼은 아들의 번민을 의식하지 못하고 계속해서 옛 친구들 이야기를 하며 이따금 몇 마디씩 충고를 건넨다. 이를테면, 항상 신사답게 행동하고, 신사다운 자질, 즉 노래를 부른다든지, 이야기를 한다든지, 운동을 뛰어나게 하는 등의 재능을 지닌 학생들과 사귀라는 것이다. 얄팍한 충고와 아버지 역할을 잘 모른다는 사실 때문에 스티븐은 고립감과 분노를 느끼며, 아버지의 멜로드라마 같고 감상적인 주절거림에 공감하지 못한다.

스티븐은 소외감에서 벗어나려고 하지만 지금처럼 소외되고 외로웠으며 불안했던 어린 시절 기억들만 떠오를 뿐이다. 그동안에도 사이먼은 여전히 아들의 날카로운 번민을 의식하지 못한 채 그 지역의 술집을 한 바퀴 돌며 아들을 창피스럽게 만든다.

스티븐의 마음은 소용돌이치고, 아버지(심지어는 할아버지)의 젊은 시절 연애짓과 음주 행각을 듣고는 감정이 격해진다. 천천히 스티븐은 술집의 무리들로부터 정서적으로 멀어지며 마침내 '자신의 어린 시절은 죽었거나 잊혀졌으며, 그것과 함께 자신의 영혼도… (죽거나 잊혀졌다)'는 사실을 받아들인다.

스티븐과 그의 가족은 스티븐이 현상 평론을 써서 받게 된 상금을 찾으려고 기다리고 있다. 느닷없이 큰돈이 생기자 마음이 부푼 스티븐은 거나한 저녁식사를 하고, 선물을 사며, 집안을 재단장하는 등 아낌없이 돈을 쓴다. 상금을 쓰며 의기양양하던 그는 이내 '삶의 추잡한 조류에 맞서 질서와 우아함의 방파제를 건설하고자' 했던 시도가 어리석었음을 깨닫고 수치심에 휩싸인다.

좌절과 환멸감을 느낀 스티븐은 매일 밤 가족과의 관계를 멀리한다. 더 이상 아이라고 할 수 없는 그는 '가슴속에서 일어나는 사나운 욕망을 달래기 위해' 더블린의 '어둡고 질척한 거리'를 싸돌아다닌다. 그러던 어느 날 밤, '먹잇감을 찾지 못하고 떠도는 야수' 같은 기분으로 더블린의 사창가 중심부에 도달한 그를 어두운 문간에 서 있던 핑크색 가운을 입은 젊은 매춘부가 자기 방으로 끌어들인다. 그곳에서 스티븐은 '그녀에게 몸과 마음을 모두 맡기고…'

: 풀어보기

2장은 스티븐의 유년기가 끝나고 청년으로서 성장을 시작하는 시기에 초점이 맞춰진다. 클롱고스 교장과의 면담에 성공한 스티븐은 여름 동안 가족과 친구와 함께 블랙록에서 보내지만 그의 행복은 가족의 재정 파탄과 사춘기 초기의 정서적 혼란 때문에 깨지고 만다. 이 장의 앞부분에서는 스티븐이 여전히 놀이, 달리기, '모험' 수행하기 등 아동기의 신체 활동을 즐기는 모습이 나온다. 그러나 이 장의 말미에서는 성인 세계의 문제를 알게 되면서 점차 침울해지고 매춘부와 첫 성경험을 하게 된다.

이 장은 거의 열한 살부터 열네 살에 이르는 스티븐의 감정과 사고를 기록하면서 사춘기의 요동하는 심리를 세세하게 포착한다. 비록 이 시기는 어느 젊은이에게나 힘들겠지만,

그 문제들이 ― 적어도 스티븐에게는 ― 과장된 소외 의식, 낭만적 이상주의, 그리고 삶의 모든 국면에 대한 본능적인 호기심 때문에 더욱 힘들게 느껴진다.

스티븐은 사춘기에 접어들면서 남성다움의 문제 ― 남자를 무엇으로 규정할 수 있을까? ― 에 대한 해답을 찾으려고 한다. 그의 유일한 역할 모델은 애처로운 아버지 사이먼 데덜러스뿐이다. 사이먼은 가족을 부양할 수 있는 양 행세하려고 애쓰지만, 스티븐이 보기에는 무책임한 낭비꾼이며 늘어나는 빚을 진 존재에 불과하다.

가족이 더블린의 쓸쓸하고 안개 낀 지역으로 이사를 하게 되자 스티븐은 실망과 수치심으로 괴롭다. 스티븐의 비참한 기분을 이해하는 조이스는 '거실 벽난로의 불이 좀처럼 지펴지지 않고'… '판자를 댄 마루 위에 달린 희미한 등불'이 비치는 '가구도 반밖에 차지 않고 카펫도 깔리지 않은 방'이 있는 새 집에서 맞이한 첫날밤을 그림처럼 묘사하고 있다. '침울하게 안개 낀 도시'와 '세간도 없이 쓸쓸한 집' 때문에 스티븐은 '마음이 무겁고' 이러한 쇠락을 책임져야 할 사람이 아버지라는 사실을 '직관적이고 예지적으로' 알아차린다. 그에게 미래는 희망이 없어 보인다. 자기가 총명하고 재주를 타고난 것 같긴 해도 무슨 수로 가난한 집에 운명처럼 부과된 미래를 극복하고 출세하겠는가?

스티븐은 이처럼 가혹한 새 환경으로부터 탈출하기 위

해 더블린 시내를 쏘다니며 낭만적인 공상과 환상에 젖는다. 그리고는 새로 얻은 자유와 도시의 낯선 황폐함에 매료되지만 불현듯 솟구치는 성욕에 혼란스러워한다. 갑작스런 성적 욕구는 낭만적 사랑을 꿈꾸는 순결한 이상과 모순되기 때문에 마음이 어지러운 것이다. 그는 시에서 영감을 받은 아른거리는 E— C—에 대한 백일몽으로 그 욕구를 해소해 보려고 하지만 실패한다. 성적으로 성숙해가는 사춘기 소년 스티븐은 혼란스럽고 불행한 기분에다 짓누르는 불안한 소외감 때문에 괴로워한다.

조이스는 젊은 예술가의 소외감이란 주제 전개와 더불어, 배신, 특히 스티븐이 아버지와의 관계에서 느끼는 배신감을 강조한다. 사이먼은 비록 가족의 재정적 필요를 충족시키지는 못하지만 자식들이 양질의 교육을 받게 하려고 몹시 신경을 쓴다. 그러나 아버지는 콘미 신부와 스티븐의 면담을 웃음거리로 가볍게 넘겼기 때문에 아들에게 실망을 안겨준다. 그 면담이 스티븐에게는 '한껏 웃어버릴' 일이 아니라 승리를 거둔 중요한 순간이었던 것이다. 스티븐은 모욕감을 느끼고 어른들이 자기에게 선심을 베풀었다고 여긴다. 특히 아버지의 배신을 가슴속에 묻어두었던 그는 여러 해 뒤 아들의 공감과 정서적 지지가 필요한 아버지를 용서하지 못한다.

비록 조이스는 스티븐이 벨베데르에서 보낸 처음 2년 동안에 관해 몇 가지 사항만 묘사했으나 우리는 그가 가정의

빈곤으로 인한 당혹감을 감추기 위해 학업에서 과도한 보상을 받으려고 대부분의 시간을 바쳤으리라 추정할 수 있다. 스티븐은 벨베데르에서 글 쓰는 재주로 칭찬을 받았고, 그의 글을 읽는 사람들에게 충격을 주는 일을 은근히 즐겼다. 그리고 우리는 그가 학교에서 리더였고 연극에서 중요한 역할을 맡았다는 것도 알게 된다. 그러나 그 모든 성취에도 불구하고 그는 '영혼의 치유할 수 없는 고독' 때문에 고통스러워하며, 그를 몹시 괴롭히는 불안감을 해소할 출구를 찾기 위해 점점 더 필사적으로 노력한다.

그 와중에 스티븐은 아버지가 나머지 재산을 청산하는 불쾌한 과정을 지켜봐야 할 일이 생기자 동행한다. 퀸스 칼리지를 방문한 사이먼은 아들에게 모교에 대한 옛 기억들을 되새기며 감명을 주려고 하지만 스티븐은 전혀 공감하지 못한다. 한편, 스티븐은 책상 위에 깊게 새겨진 '태아'라는 단어를 보고 충격과 혐오감을 느끼며, 다른 세대의 학생들도 자기와 같은 흉측한 몽상을 경험했다는 사실을 깨닫는다.

이후 스티븐은 근처의 술집에서 벌이는 아버지의 행위에 혐오감을 느낀다. 사이먼은 작심하고 오래 전에 부렸던 저속한 허세를 보여준다. 스티븐은 아버지의 비행을 물려받지 않을까, 하고 생각하고는 자기 인생이 정상을 회복할 유일한 희망이 양부모를 얻는 것이 될까봐 두렵다. 코크 시를 방문하는 동안 느낀 비애감을 보면, 아버지의 위상을 '법적인 허구' 이상으로 보지 않는다는 스티븐의 발언을 이해할 수 있다.

코크 시를 방문하는 장면에서는 조이스가 데이달루스 신화를 역설적으로 사용한 것을 알 수 있다. 신화 속의 데이달루스는 유능하고, 아들 이카루스에게 헌신적이며, 아들의 미래를 진정으로 염려한다. 반면, 사이먼은 부모로서의 책임감을 대부분 저버리며, 그 결과 천박하고 무능한 아버지로 인식된다. 데이달루스는 궁극적으로 아들에게 세상을 살아가는 데 필요한 충고를 제시하려고 했지만, 사이먼은 그렇지 못하다.

오히려 그의 이기적인 감상주의로 인해 스티븐은 더욱더 도덕적·정서적 곤경에 빠진다.

이 장은 스티븐이 아버지와의 유대를 형성하지 못하게 되자 성욕에 굴복하는 것으로 막을 내린다. 그는 자신을 소진시켜왔던 성적인 감정에 몰입함으로써 따뜻함과 위안을 발견한다. 비록 더블린의 불결함과 빈곤에서 탈출해 순수한 진리와 아름다움과 사랑을 추구하고 싶지만, 결국은 짧은 순간에 반기며 유혹하는 젊은 매춘부의 품속에서 육체적 만족을 찾는 옆길로 빠진다.

핑크빛 옷을 입은 그녀는 스티븐에게 첫 경험을 안겨주고, 상징적으로는 그가 여성과 관련해 겪은 여러 차례의 정서적 갈등을 해소해 준다. 지금까지 스티븐에게 여성은 성자나 순교자 혹은 죄인이었다. 그는 여성에게 끌린다는 사실에 대해 "잘못했다 말하라… 인정하라… (그리고) 고백하라"는 명령을 계속 받아왔다. 이 명령들은 여성에게 끌리는 것이 무언가 잘못되었다는 것을 암시한다. 어린 시절에 여성과의 관계가 이러했기 때문에 그는 항상 해소되지 않은 죄의식으로 숨이 막힐 것 같았으며, 그 결과 자연스런 성적 충동을 강철처럼 억제하려고 했다. 그리고 이 같은 죄의식을 어머니와 단티와 복되신 성모 마리아와 아일린에 대한 감정으로 무마해 왔던 것이다. 그 더블린의 매춘부는 이 모든 여성의 특성을 구현하고 있다. 그녀는 젊지만(핑크빛 드레스를 입었고 침대에는 인형이 있다.), 자신감이 넘치고 모성적이다.(그녀는 그를 확실하게 만족시켜주고, 또 '개구쟁이'라고 불러 두려움을 삭혀준다.) 그 결과 젊은 예술가 스티븐은 궁극적 창조 행위라고 할 수 있는 성에 몰두하는 동안 그녀를 육체적으로나 정신적으로 숭배하게 된다.

Chapter 3

절망, 고민, 그리고 고해성사

첫 성경험(조이스는 이 일을 스티븐의 '첫 번째 끔찍한 죄'라고 부른다.)이 있고 며칠이 지난 뒤 그는 음식을 몹시 먹고 싶다는 생각이 든다. 성욕이 표면적으로는 고기와 당근과 감자에 대한 식욕을 돋운 것이다. 갑자기 학업은 전혀 대수롭지 않거나 수치스러운 의미를 띠게 된다. 이를테면, 수학 방정식을 풀면서 자신의 죄스런 성품이 점점 배가되는 느낌이 드는 것이다.

스티븐은 자주 게으름을 피우고, 무기력하거나 냉담해지며 기도도 할 수 없게 된다. 그는 '생명의 물결이 그에게서 빠져 나갔고' 더불어 유혹에 대한 저항도 앗아가버렸다고 느낀다. 비록 그는 '영원한 저주'를 받을 위험에 처해 있다는 것을 알고 있지만, 그를 사로잡은 '냉담한 무관심'이 후회와 보속(補贖, 죄에 대한 결과를 보상하는 일)을 방해했다.

스티븐은 온갖 죄에 오염되었다고 느끼면서도 계속 성모 마리아 신우회의 회장직을 수행한다. 그는 '죄인들의 피난처'를 상징하는 성모 마리아 상에는 부끄러움을 느끼지 않고, 그녀에게 경의를 표하며 올리는 호칭기도의 단어들 속에서 동정과 위로를 얻는다.

스티븐은 교리문답 수업도 계속하면서 가끔 자신의 '끔찍한 죄'와 관련된 교리상의 전문적인 부분들을 깊이 생각하기 시작한다. 그는 현재 자기 죄악의 원인과 결과를 분석해 보고, 욕정의 죄가 급속히 다른 '7대 죄

악'―분노, 탐욕, 교만, 질투, 탐식, 나태―의 범주로 번져가는 것을 깨닫는다. 그 후 자신이 아주 죄 많은 본성을 가졌음을 확신하고 성체 성사의 영적인 실체에 의문을 느끼는 순간, 교장이 학교의 수호성인 프랜시스 사비에르*를 기려 벨베데르에서 개최되는 사흘간의 영적 피정을 발표한다. 피정이 공표되자 스티븐의 심장은 '말라버린다'.

---

* **프랜시스 사비에르**(Francis Xavier, 1506-52): 동양에서 활동한 예수회 소속 스페인 선교사.

피정 첫날 스티븐은 교회의 앞줄 좌석에 앉아 앞으로 닥치게 될 ‘최후의 일들’—‘죽음, 심판, 하늘나라와 지옥’—에 관한 아놀 신부의 설교를 듣는다. ‘집회서’* 7장 36절에 근거한 최후의 심판일에 관한 설교의 근엄함에 짓눌린 스티븐은 심장이 멎는 듯하고, 만일 갑자기 죽으면 욕정의 죄 때문에 받게 될 심판을 생생하게 떠올린다. 아놀 신부는, 모두들 스스로 양심을 감찰하고 ‘아직 기회가 있을 때’ 회개해야 한다고 강조한다. 스티븐은 자신의 애처로운 상태와 하느님의 전능한 인성을 거스른 자기 죄의 극악함을 진지하게 생각한다. 그러자 죄의식이 커지면서 마치 설교의 모든 말들이 자기를 겨냥한 말처럼 느껴진다.

나중에 스티븐의 생각은 에머(상상 속의 소녀)와 그가 감춘 ‘음화 다발’과 어떤 이름 모를 소녀가 찾아 읽으리라 여겨지는 곳에 놓아둔 ‘추잡한 긴 편지들’로 이어진다. 수치심을 느낀 그는 하느님 아버지보다 죄인들에게 덜 엄한 성모 마리아께 자신의 끔찍한 죄에도 불구하고 잘못을 이해하사 자비를 베풀어주십사고 간청한다.

피정 둘째 날의 설교는 ‘이사야’ 5장 14절 “지옥은 스스로를 확장하였고 한없이 입을 벌렸으니…”라는 무서운 말씀으로 시작한다. 다른 말로 하면, 지옥은 아직까지 포식하지 못했다. 지옥은 여전히 배고프다—스티븐에 주려 있는 것이다.

스티븐은 하느님이 한때 총애한 천사 루시퍼가 교만 때문에 진노를 사서 영원한 지옥의 암흑 속으로 내동댕이쳐진 이야기를 듣는다. 루시퍼는 ‘더 이상 섬기지 않겠다(*non serviam*)’며, 하느님을 거부한 죄를 저질렀고, 루시퍼와 그의 무리들이 제거되고 생긴 빈자리를 채우기 위해 하느

---

* **집회서**(Ecclesiasticus): 구약의 외경 중 한 책. “무슨 일을 하든지 너의 마지막 순간을 생각하고 절대로 죄를 짓지 말아라.(7: 36)

님은 아담과 이브를 창조했지만 그들조차 하느님 명령을 따르지 않았다. 그리하여 인간의 죄 많은 본성이 '유전'되기 시작했다.

피정의 주재자는 소년들에게 세상의 죄를 사하기 위해 십자가의 고통을 겪은 예수 그리스도의 죽음 덕분에 그들이 원죄(그들이 물려받은 죄 많은 본성)로부터 구원받았다는 사실을 상기시킨다. 그러나 하느님께서 아들을 바치신 지고한 희생을 상기시키는 말도 스티븐을 위로하지 못하며, 오히려 어둡고 불타는 지옥의 형벌을 생생하게 묘사할수록 더욱더 양심의 가책이 깊어진다.

지옥을—그 악취와 고통을—이처럼 생생하게 묘사하자 스티븐은 극도로 괴로워한다. 피정의 주재자는 계속해서 죄인이 무슨 소리를 들을지, 무슨 냄새를 맡을지, 무엇을 볼지, 어떤 고통을 느낄지에 대해 자세히 설명한다. 스티븐이 냉정하고 다소 냉소적인 지성을 지녔지만 이 소설의 서두—음매 소 일화—이래로 주변 세상을 일차적으로는 감각적 인식을 통해 감지한다는 사실을 기억할 필요가 있다. 따라서 아놀 신부의 설교가 진행되는 시점에서 스티븐이 느끼는 깊은 두려움은 무서울 정도로 사실적이다. 피정의 주재자가 지옥의 붐비는 감옥을 묘사할 때는 저주받은 자의 몸이 된 듯한 느낌이 들 정도다. 연기 나는 깜깜한 지옥을 상상할 때는 눈은 제대로 볼 수가 없고, 지옥의 날카로운 비명 소리를 상상할 때는 귀가 고통으로 고동치며, 죄 때문에 영원히 던져지게 될 악취 나는 지옥의 냄새를 들이쉴 때는 기가 질린다.

그러나 아놀 신부는, 지옥에서의 육체적 고통은 영원한 저주의 일부에 불과하고 심리적 형벌이 육체적 처벌만큼이나 끔찍스러우며, 다른 저주받은 죄인들의 찢어지듯 고통스러운 외침뿐만 아니라 악마들의 조롱도 견뎌내야 한다고 힘주어 말한다. 물론, 탈출은 불가능하다. 일단 지옥에 가게 되면 탈출구는 없으며, 영원히 그곳에서 살아야 한다.

'다리가 후들거리고 두피는 마치 귀신의 손가락이 닿은 양 떨려오자' 스티븐은 공포감과 죄의식에 사로잡혀 구원받아야 할 필요를 절실히 깨달으면서 교회를 나선다. 그는, 비록 즉시 고해해야겠지만 너무 부끄러워서 학교 교회에서는 꺼리는 자신을 용서해 달라고 하느님께 기도한다.

아놀 신부는 첫 번째 설교에서는 지옥의 실제 존재를, 두 번째 설교에서는 육체적·심리적 고통을 상세하게 논한 뒤, '시편' 30편 23절[*]을 도입부로 삼아 세 번째 설교를 시작하면서 지옥에서의 영적인 고통, 특히 하느님의 눈 밖에 나게 되는 상실의 고통을 세세히 묘사한다. 그는 대담하고 구체적인 비유 표현을 사용해 잔혹한 벌레(사탄)의 '3중 독침'을 설명한다. 그 독침은 양심의 가책으로서 (1) 과거의 쾌락을 혐오스럽게 기억하게 하고, (2) 죄의 '무서운 악독'을 하느님이 친견하시듯 보도록 하며, (3) 의도적으로 회개하지 않도록 함으로써 영원한 저주를 겪어야 한다는 것을 깨닫게 만든다. 피정의 주재자는 듣는 이들을 회개하도록 이끎으로써 설교를 마친다.

인두로 지지는 듯한 설교의 충격에 압도되어 초라한 모습을 하고 방으로 돌아온 스티븐은 자신의 양심을 살피고 죄의 크기를 하나하나 헤아려본다. 나중에 그는 침대로 기어 올라가면서 잔혹하고 기괴한 생명체들이 더럽고 지독한 냄새가 나는 자기 주변으로 긴 꼬리를 흔들며 모여드는 상상을 한다.

온 몸을 떨며 이불을 걷어찬 스티븐은 '자기 죄를 위해 예비된 지옥'을 보게 하려고 하느님께서 무서운 환상을 보냈다고 확신한다.

---

[*] **시편 30편 23절**: 라틴어 성경에서의 구분. 31편 23절에 해당.

‘고통스럽게’ 많은 것을 토해낸 그는 성모 마리아께 도와달라는 기도를 올리고는 자신의 고해를 들어줄 외딴 교회의 낯선 신부를 찾아 ‘질척거리는’ 더블린 거리를 헤매기 시작한다. 처치 가의 한 교회에서 그는 온화한 카푸친 수도회 소속의 늙은 성직자를 발견한다. 열의 없이 스티븐의 고해를 들은 그는 진부하게도 성모 마리아께 유혹을 이길 수 있도록 도움을 청하라고 훈계한 후 보속을 내린다.

마음이 놓이고 기운을 찾은 스티븐은 은총을 받은 기분으로 교회를 나선다. 다음날 아침 그는 미사중에 영성체를 받고 순결하고 신성한 삶을 새롭게 살겠다고 맹세한다.

스티븐은 ‘끔찍한’ 욕정의 죄를 범한 뒤, 연쇄반응으로 토마스 아퀴나스가 일곱 가지 죽을죄라고 지칭한 죄악을 저지르기 시작했다고 두려워한다. 그는 ‘자신 속의 교만’, 즉 자신의 죄가 ‘엄청남’으로 인한 교만과, 매춘부로부터 성적인 애정을 사는 데 ‘돈을 사용한 탐욕’과 자신보다 더 심한 악행을 저지른 사람들에 대한 ‘질투’와 순진한 급우들을 향한 분노와 ‘음식에 대한 탐닉’, 그리고 자신의 전(全) 존재를 소진시켜버린 것 같은 ‘정신적이고 육체적인 나태’를 인식하고 있다.

죄에 대한 강박관념 때문에 스티븐은 종교와 관련하여 일련의 ‘가정(假定)’과 ‘이유’를 생각해낸다. 그는 자신의 신앙으로부터 신비한 면모를 걷어내어 그 타당성을 파괴하고 종교상의 전문 용어 속에서 사면을 찾으려 한다. 불행하게도 피정이 선언되면서 그는 죄의 무게를 한껏 느끼게 되며, '시든' 가슴과 두려움을 안고 피정 경험으로 다가간다.

피정 중 첫 번째이자 가장 간결한 설교에서 설교자는 학생들에게 인류를 창조한 하느님의 목적을 기억하도록 권고한다. 학생들은 자신들의 영혼이 처한 상태를 곰곰이 생각해 보고 갑자기 죽어서 거룩한 심판에 직면하면 맞게 될 운명을 잠정적으로 결정해 본다. 천국에 갈 것인가? 아니면 지옥에 갈 것인가?

분명히 순결 문제는 성을 즐기고 여유가 생길 때마다 자주 매춘부를 찾아다닌 열여섯 살짜리 소년에게는 어려운 부담이다. 그렇지만 사제들이나 다른 학생들은 스티븐을 어린 학생들이 본받아야 할 모범적인 '상급생'으로 본다는 것은 모순이다. 첫 번째 설교 내내 스티븐은 자신의 영적인 삶이 앞에 지나쳐가고 있는 것처럼 느낀다. 여기서 조이스는 스티븐이 자신의 죽음과 심판에 관해 생생하게 상상한 내용을 자세히 실감나게 기록한다. 스티븐은 아놀 신부가 잃어버린 영혼에 대해 설명할 때 특히 고통스러워한다. 자신을 '이미' 잃어버린 영혼이라고 믿고 있기 때문이다. 그는 설교 한마디 한마디가 자신이 저지른 죄에 대해 구체적인 경고를 하는 것이라고 믿는다.

이 시점에서 스티븐은 인생을 기본적인 신체적 감각의

차원에서 인식하고 이전보다 훨씬 강렬하게 반응하기 시작하며, 설교 이후에도 계속 죄의식에 사로잡혀 고통스러워한다. 그는 '천사가 외치는 운명의 말들'을 듣기도 하고, 피정을 마치고 귀가할 때 한 소녀의 웃음소리에 모욕감을 느끼기도 한다. 그는 마음속에서 자신이 '짓밟아' 더럽힌 '순수했던' 에머의 영상을 보며, "그가 저지른 난잡한 행위의 더러운 모습들이 바로 코 밑에서 악취를 풍겼다." 다음으로는 '검댕 묻은 음화 다발'을 만진 것과 이름 모를 소녀가 볼 만한 곳에 '추잡한 긴 편지'를 놓아둔 것을 떠올린다. 끝으로 성모 마리아의 소매에 입 맞추며 그녀의 중재를 통해 영원한 저주로부터 영혼을 구원해 달라고 간청하는 상상을 하면서 입술에 눈물 맛을 느낀다.

엘만의 조이스 전기에서는 이 장의 특정한 주요 장면과 조이스의 생애가 유사하다고 암시한다. 예를 들면, 조이스의 첫 번째 성경험이 성모 마리아 신우회 회장으로 봉사할 때였다는 점과 조이스가 생애의 유일한 연인 노라 바나클을 '연모하고 더럽히고자' 한 비꼬인 욕망을 갖고 있었던 점 등이다. 조이스는 1909년 잠깐 노라와 헤어져 있는 동안 '추잡한 긴 편지'를 여러 통 썼으며, 노라가 이 편지들을 없애려고 했을 때 누군가가 읽기를 바라며 일부를 감춰두었고 실제로 많은 사람들이 읽었다. 그 편지들을 통해 조이스가 여성을 문학적으로 어떻게 다루었는지 깊이 들여다볼 수 있다.

피정의 두 번째 설교는 죄의 기원, 특히 루시퍼가 하느님을 섬기며 복종하기를 오만하게 거부한 사건을 고찰하면서 시작한다. 뒤이어 아담과 이브가 하느님의 은총을 잃은 사건에 대한 묘사가 나오고 예수의 희생도 상세하게 설명된다. 이같은 영적 훈련의 목적은 지옥에서의 육체적 고통에 대해 상상 가능한 최악의 환상을 만들어냄으로써 소년들에게 무거운 죄의식과 공포감을 심어주기 위해서다.

사제는 방종할지도 모를 젊은이들에게 '하느님에 대한 두려움'을 주입시키려고 한다. 조이스의 자세한 묘사를 살펴보면, '저주받은 자들이 거주하게 될 장소의 성격'은 극적이게도 단테의 〈신곡 *Divine Comedy*〉「지옥편 Inferno」 구성과 흡사한데, 이러한 우연의 일치는 놀라운 일이 아니다. 조이스가 성경만큼이나 단테의 걸작도 숭배했고, 단테의 작품들을 '영적인 양식'으로 간주했기 때문이다. 그럼에도 불구하고 이 특정한 지옥의 모습은 명백히 조이스가 고안한 영역으로서 그 속에는 구속과 암흑에 대한 두려움, 그리고 어린 시절 로마 가톨릭교회에서 경험한 불안감의 잔재가 합쳐져 있다.

조이스 특유의 지옥은 감각이 돋보이는 세부 묘사를 통해 그 모습을 드러낸다. 시력이 약해 다른 감각에 의존해야 했던 그는 지옥 공기의 악취와 맛을 강조한다. 그 지옥은 '썩어가는 인간 버섯들'의 독소와 고통스러워하는 죄인들의 그칠 줄 모르는 절규, 그리고 인간의 육체를 삼키는 불길들의 '말할 수 없는 분노'로 가득 차 있다.

조이스는 또한 '저주받은 무리들'의 내적 고통도 이해하고, 그 비천한 위상도 '수탉과 원숭이와 뱀… 혐오스럽고 해로운 짐승들' 같은 동물에 비유해 그리고 있다. 그러한 동물 비유는 스티븐의 꿈에 자주 출몰한 '염소 같은' 동물들뿐만 아니라 수많은 서양의 신화적 전승(傳承) 지식과 상징들에서도 유래한다.

피정의 마지막 설교는 '양심의 목소리'가 제기하는 일련의 질문에서 절정에 이른다. "왜 너는 죄를 지었지?… 왜 너는 불순한 습관을… 버리지 않았지?… 왜 너는 악한 습성을 회개하지 않았지?" 이 질문들에서 스티븐은 '북받치는 신앙적 공포'를 겪으며 고해와 헌신적인 보속을 시작해야 한다는 불타는 의욕에 사로잡힌다.

세 번째 설교 동안 스티븐은 하느님 없는 삶의 고통을 묵상한다. 피정의 주재자가 하느님의 거룩한 현존으로부터 배제된 영원한 암흑을 강조할 때, 스티븐은 종말까지 죄의 짐을 온전히 짊어지고 있는 상상을 한다. 마지막으로, 피정의 주재자가 광범위한 은유로 영원의 개념을 고찰하고 하느님의 위대함을 논하면서 설교를 마치자 영원의 엄청난 영구성을 재어보려고 하는 스티븐의 '머리가 어질어질해'진다.

지난 사흘 동안 스티븐은 지옥의 불타는 고통을 마음속으로 만들어내면서 몹시 힘들어하며, 가공의 영적인 지옥뿐만

아니라 육체적인 고통도 함께 겪는다. 그 과정은 대부분의 신화 속 영웅들이 겪는 시련의 기간에 견줄 만한 여정이다. 신화 속 영웅이 지옥으로 내려가는 것은 단테의 「지옥편」에 자세히 묘사되어 있고, 스티븐의 신화 속 동명 인물인 데이달루스 역시 강력한 미노스 왕의 명령을 어긴 일 때문에 자신이 설계한 미로에 괴물 미노타우루스와 함께 갇힌다. 마찬가지로 스티븐도 하느님의 뜻에 복종하지 않음으로써 자기 상상 속의 혐오스런 지옥에 갇혀 영혼 내부의 야수들로부터 위협을 받는다.

스티븐의 회개와 겸손은 성경 속의 요나 이야기와 밀접하게 비교된다. 고래 뱃속에 갇힌 요나는 사흘 뒤 겸손하게 회개를 하자 그 속에서 튀어나오게 된다. 사흘은 상징적으로 예수가 지옥의 심연으로 하강해 지옥과 사망의 열쇠를 갖고 귀환함으로써 인간의 죄를 사하고 구세주가 된 기간도 의미한다. 스티븐은 이 사흘간의 피정을 통해 상상 속에서 지옥을 경험하고, 죄를 회개하며, 진지하고 통회하는 고백을 함으로써 저주로부터 (데이달루스처럼) 자유로이 날아오른다.

비록 이 장이 스티븐의 고백과 죄 없는 삶에 대한 재헌신 장면으로 끝나지만, 스티븐이 벨베데르 칼리지의 사제보다 카푸친 수도회 소속 사제가 훨씬 가벼운 보속을 내려주리라 믿고 선택했다는 사실과 스티븐이 전능하신 남성 하느님의 엄격한 정의를 대면하기보다 성모 마리아의 자비로움을 선호한다는 사실에 주목해야 한다. 벨베데르 칼리지의 '강경할' 듯한 사제보다 카푸친 사제('카푸친'은 여성이 착용하는 두건 달린 망토를 의미)에게 고해하는 행위조차도, 가혹하고 현실적인 세상보다는 더 부드럽고 아름다운 세상을 창조하고 싶어하는 스티븐의 성향이 점점 커지고 있음을 보여준다.

Chapter 4

장인 데이달루스의 의미를 되새기다

스티븐은 '결의에 찬 경건함'의 삶에 헌신하며 가톨릭 신앙의 의식을 엄격히 준수할 것을 맹세한다. 그리고는 매일 새벽 미사에 참석하고, 바지 호주머니에 지니고 다니는 묵주로 묵주기도를 올리고, 연옥에 있는 자들의 죄를 사해 주실 것을 간구하고, 7대 죄악에 물들지 않도록 기도한다.

그는 하느님에 대한 새롭게 다진 헌신의 진실성을 증명하기 위해 금욕을 계속하며 과거의 죄를 청산하려고 최선을 다한다. "그의 모든 감각은 엄격한 통제를 받았다." 그는 하나하나의 감각을 새롭고 엄하게 통제하기 위해 일찍 일어나고, 미사를 드리러 가는 동안 습하고 으스스한 아침 바람을 참고, 교회가 승인한 모든 금식에 참여하고, 심지어는 잠을 잘 때 움직이지도 않으려고 한다.

그 결과, 스티븐은 '삼위일체의 황공한 불가해성'에 경외감을 느끼기 시작하고, 은총 속에 있는 현재 상태와 하느님이 자신의 영혼을 사랑하신다는 믿음 때문에 몹시 감격한다. 그러나 시간이 지나며 묵은 감정들—분노, 고집, 정욕—이 새롭고 교정된 외관 밑에서 꿈틀대기 시작하면서 자기 영혼의 상태를 미심쩍어 하며 부지불식간에 이미 '타락했을지도' 모른다고 염려한다.

스티븐의 의구심은 커져만 간다. 그는 카푸친 성직자에게 성급하게 고해한 것이 진정한 행위인지, 아니면 단지 아놀 신부가 펼친 공포의 협

주에 대한 반작용일 뿐이었는지 궁금해 한다. 그는 자신의 '고해가 유효했다'는 표징을 찾으려고 하고, 놀랍게도 그 '가장 확실한 표징'은 "내가 나의 삶을 교정해 왔다, 그렇지 않은가?"라고 깨닫는다.

우연히 스티븐의 열렬한 신앙심을 목격한 교장은 그를 교장실로 불러 성직에 입문할 가능성을 의논한다. 대화를 나누는 동안 교장의 어조는 경박스러울 정도로 세속적이고, 눈에 띄게 자신을 교묘히 조종하려는 시도를 알아차린 스티븐은 당혹스럽다.

스티븐은 교장에게 사제가 되는 문제를 숙고해 왔다고 고백하고, 거의 동시에 성직에 입문하면 갖게 될 권력을 마음속에 그려본다. '소명'의 중대성을 깊이 숙고하라는 교장의 음침한 경고로 면담은 끝나고, 두 사람은 스티븐이 결정할 일에 대해 함께 기도하기로 약속한 뒤 악수를 나누고 헤어진다.

그 후, 스티븐은 성직 생활의 냉혹한 현실과 밖으로 계속 치밀고 나오는 고통스러운 감정적 욕구를 제대로 통제하지 못할 것이란 사실을 곰곰이 생각한다. 클롱고스와 벨베데르에서 지낸 힘들었던 학창 시절을 회상해 보니 그처럼 갇힌 사회에서 여생을 보낸다면 자기 몸이 본능적으로 반기를 들 것만 같다. 그리고 본래 나약한 천성 때문에 결국은 '타락'할 것이며, '운명이 사회적이거나 종교적 질서에 구속되지 않을 것'이란 사실을 깨닫기 시작한다.

스티븐은 집으로 걸어오는 동안 이러한 진실들을 확인하고 괴로워하면서 톨카 강 위에 놓인 다리를 건넌다. 과거를 곰곰이 회상하던 그는 뒤를 돌아다보고 복되신 성모 마리아 성소에 눈길을 보낸다. 그것은 '퇴색된' 기억처럼 보인다. 그는 돌아서서 가벼운 마음으로 '무질서, 아버지 집의 혼란과 혼돈'을 향해 걸어간다.

집에 온 그는 여동생으로부터 다시 이사하게 될 것이라는 말을 듣는다. 안정을 바라던 가족의 바람은 데덜러스 씨의 쌓이는 빚 때문에 다시 한 번 꺾인다. 어린 동생들은 그 상황의 무게를 덜어보려고 말장난도 하고 노래도 부르지만 겉으로는 쾌활해 보여도 스티븐의 눈에는 모두가 '삶에 지쳐 있는' 듯한 모습으로 비친다. 심지어는 동생들과 함께 잠깐 노래를 불러보기도 하지만, 종교적 삶뿐만 아니라 집안의 절망적 상태와 빈곤으로부터도 자유롭고 싶다는 열망이 강하게 느껴진다.

스티븐은 바다를 향해 걸어가면서 이상하게도 낙관적인 기분—자신이 불운하지 않을지도 모른다—이 든다. 지금은 오직 삶에 대한 방향 감각을 상실해서 힘든 것이고 대학에 들어가면 '더 나은 것들'을 발견할 수 있으리라 확신하기 때문이다.

이어서 "바로 그 데덜러스가 오신다!"며 한 무리의 친구들이 그의 도착을 장난스럽게 알린다. 스티븐은 그 가벼운 조롱을 일종의 예언으로 해석하며, 불확실한 기분을 충동적으로 떨쳐버리고 '위대한 장인' 데이달루스처럼 과거의 종교적이고 문화적인 구속에서 솟아올라 예술적 자유를 구가하는 미래로 날아갈 것이다.

그는 이러한 계시의 중요성을 깨달으면서 이제 소년 시절을 벗어났다는 느낌이 든다. 그는 '혼자서… 누구의 눈에도 띄지 않게… 그리고 삶의 거친 심장 가까이' 바다 쪽으로 걸어간다. 그곳에는 한 소녀가 치마를 허리춤에 말아 올린 채 물 가운데 서서 바다를 응시하고 있다. 스티븐은 그녀가 앞에 서서 시선을 마주할 때까지 찬찬히 그녀를 살핀다. 그녀는 말없이 그가 찾고자 한 대답을 들려준다.

이것은 스티븐에게는 현현의 순간이다. 그는 '신성모독적인 환희가 터져 나오면서' "오, 하느님, 이럴 수가!"라고 외친다. 스티븐은 이 소녀의 영상에서 아름다움을 감상할 때 가진 고독의 중요성을 깨우친다. 그는 그녀를 마치 예술의 대상인 양 '숭배할' 수도 있고, 그녀에 대한 욕망 때문에 수치심을 느낄 필요도 없는 것이다. 스티븐은 그녀를 통해 자신의 천직, 즉 '소명'은 실수에도 불구하고 삶을 충실히 살아가는 과정에서 '삶으로부터 삶을 재창조하는 것'임을 깨닫는다.

이 장은 스티븐이 해변에 멈춰 쉬는 장면으로 끝난다. 그는 잠이 들었다가 한참 후 밤이 이슥해서야 깨어난다.

카푸친 수도회 소속 성직자에게 고해를 하고 난 스티븐

은 가톨릭 신앙의 의식에 노예가 될 정도로 과거의 죄악에 대해 과도하게 보속한다. 자유 시간을 모두 기도와 명상에 바치는 것이다. 그는 '지하 묘실에서 무릎 꿇고 미사를 드리는' 최초의 기독교도 중의 한 명인 양 상상하는 동시에 신앙 실천에 따르는 은총과 학대를 경험한다. 그러나 끊임없이 자신을 부정하고 신체적 불편을 가하는 모습은 젊고 열정적인 가톨릭 신자이기보다는 죄인처럼 보인다. 게다가 자신의 시간을 모종의 헌신으로 계속 채워야 한다는 강박관념을 보건대, 사소하지만 본능적인 '(영적인) 나약함'의 징후가 나타날까봐 한 순간이라도 자유시간을 허락하기가 몹시 두려운 것이다.

이 장에서 조이스는 젊은 시절을 회고하면서, 스티븐을 통해 '자신의 영적인 소생을 약간 조롱하고'(엘만), 특히 로마 가톨릭 신앙의 강박적이고 반복적인 성향을 풍자한다. 스티븐은 미사와 묵주기도와 삼위일체의 각 위에 대한 묵상을 강박적으로 준수하면서 하느님이 보여주는 '큰 사랑의 비밀'을 감상적이고 과장스럽게 인식하지만, 이러한 사랑의 발견이 편안하지 않기 때문에 감각을 보다 엄하게 통제함으로써 점점 더 육체를 학대하는 것이다.

몇 가지 사례에서 보았듯이, 스티븐은 감각으로 세상을 파악하기 때문에 감각 억제는 극도의 희생이라고 할 수 있다. 그는 한때 세상에 대한 육감적 인식으로부터 얻었던 즐거움과 비판적 통찰을 모두 포기한다. 눈이 다른 곳을 향하지 못하게 하고, 더러운 냄새와 거친 소음을 참고, 모든 금식을 준수하고, 잠잘 때는 몸의 움직임까지도 억제함으로써 부지불식간에 (마치 신화 속의 데이달루스처럼) 자신을 감금하는 억압적 환경을 만든다. 따라서 그는 곧 거의 필연적으로 이 감옥을 탈출할 절박한 욕구를 느끼게 될 것이다.

이처럼 자연적 본능을 억제하는 대단한 노력에도 불구하고 스티븐은 근본적으로 감각적인 자아가 다시 드러나는 것을 깨닫는다. 분노에서 시작해 하나씩 하나씩 이전의 '죄스런' 성향이 겉으로 나타나기 시작하고, 강요된 정신성의 '시든' 껍질이 하나하나 떨어져 나간다. 그는 유혹이 커지는 것을 두려워하고 무방비 상태를 걱정하면서 구원의 징표를 찾는다.

그러나 스티븐은 징표 대신에 침묵만을 발견하고, 여기서 이 장은 중요한 전환점을 맞는다. 그의 "나는 섬기지 않으리라" 신조가 나타나는 것이다.

스티븐의 성직 수락 가능성을 다루는 다음 장면에는 종교적 인유가 풍부하고 모두가 소설의 다양한 주제들을 암시한다. 그러나 스티븐과 교장의 세부적인 대화 내용을 살펴보기 전에, 가톨릭교의 보수적인 교구 소속 학교에 다니는 많은 학생들의 일반적인 성향에 관해 주목할 필요가 있다.

성직자나 교회 신도들의 가르침을 받는 학생들에게는 최소한 일시적이라도 성직을 고려해 보는 것이 실제로 보편적인 일이다. 개중에는 그 권력에, 그 의식(儀式)에, 혹은 여전히 선교 사업에 대한 몰아적인 헌신에 매력을 느끼는 학생들이 있다. 따라서 교사나 사제 혹은 수녀가 스티븐 같은 학생의 신앙과 헌신을 목격한 경우라면 대체로 성직 권유 면담의 대상이 된다. 여기서 조이스는 '종교적 소명'을 상의하기 위해 소위 사제에게 선택받는 명예를 풍자하고 있다. 이 대목에서는 조이스가 종교적 비유 표현을 교묘히 구사하는 것도 주목해야 한다.

교장이 햇빛 비치는 커튼 앞에 서 있을 때의 모습은 성상, 곧 종교적 숭배의 대상처럼 보인다. 조이스는 바로 이 모습을 역전시킨다. 사무실로 들어오던 스티븐은 교장이 '십자 차양(crossblind)에… 기대어 있는' 모습을 본다. 이 영상은 재기 넘치는 말장난인데, 교장의 실제 자세뿐만 아니라 우선은 스티븐이 일시적으로 '십자가'(cross)에 의해 '눈먼'(blind) 상태에 빠져 있기 때문에 성직 선택도 스티븐에게 떠넘겨 '기대려는' 의도라는 것을 알려준다.

그리고 교장이 '다른 차양의 끈을 천천히 흔들어서 고리를 만들' 때의 계산된 미소도 눈여겨보아야 한다. 조이스는 교장이 노련한 망나니처럼 스티븐을 올가미로 낚아챌 기회를 열심히 기다리는 것처럼 보이도록 묘사한다. 게다가 그 사제의 얼굴은 '완전히 그늘져 있어서' 본성 속에 어두운 면이 숨어 있을 가능성을 제기하고, '움푹 들어간 관자놀이와 두개골의 곡선'은 클롱고스에서 교장의 책상 위에 놓여 있던 두개골을 연상시킨다. 궁극적으로는, 사제에 대한 이 같은 시각은 독자(어쩌면 스티븐조차도)에게 성직자가 스티븐을 다음 희생자로 만들려는 종교적 망나니와 다를 바 없는 것은 아닌지 생각해 보도록 만든다.

스티븐과 교장의 대화는 스티븐이 기대했던 것보다 경건하지 않다. 사제는 신앙의 심오한 문제들을 논의하는 것이 아니라 자신의 학창시절을 이야기하고 세속화가 덜된 여러 교단의 복장과 태도를 조롱함으로써 이 젊은이의 긴장을 풀어주고자 한다. 긴 복장의 카푸친 수도회에 관해 이야기할 때는 그 복장을 '레 쥐프'(치마)라고 지칭하며 비웃는다. 스티븐은 교장의 적절하지 못한 발언이 놀랍고 당황스럽다.

이처럼 무신경한 조롱은 스티븐이 클롱고스에서 매 맞은 사건을 놓고 아버지가 예수회 사제들과 한껏 웃어버린 때를 상기시킨다. 이것은 조이스가 아버지(들)[*]에 의한 배신이란 주제를 다시 한 번 보여준 사례다. 스티븐은 아버지(사이먼), 콘미 신부, 돌란 신부에게 배신을 당했던 것이다. 지금의 이 '아버지'는 스티븐의 관념 속에 자리한 사제의 마땅한 소임을 배척하고 있다. 분명하게 말하건대, 교장은 분별력 있는 사람이 아니다. 스티븐이 혐오하고 부적절하다고 간주하는 세속성을 드러냈기 때문이다.

---

[*] **아버지(들)**: 신부를 지칭하는 영어도 father임. 역자 주.

이 장면 곳곳에서는 하나의 반복적인 형태가 나타나 소설 전체의 중요한 사건들을 연결시키고 있다. 특이할 정도로 민감한 스티븐은 열띤 관심을 보이는 사람들(예를 들어, 파넬, 마이클 수사, 카푸친 성직자, 특히 스티븐 자신)이 모두 아일랜드의 거만하고 실리적인 '아버지들'(신부들)에게 배신당할 운명이라는 것을 깨닫기 시작한다. 이 장면은 배신이란 주제에 초점이 맞춰져 있기 때문에 우리는 그가 곧 자신을 위해 새로운 인생을 선택할 것이라고 짐작하게 된다.

스티븐은 어린 시절 사제직에 대해 가졌던 인식과 현재의 보다 분별력 있는 관점을 비교한다. "최근에 그들이 내린 판단 중에는 약간 유치하게 들렸던 것도 있는데, 유감스럽고 애석한 느낌이 들었다…" 그는 성직에 대한 '끊임없는 의혹'을 떨쳐버리지 못한 채 교장과 만난 장소를 떠난다.

이 시점에서 성직에 관한 스티븐의 최종 결정에는 의심의 여지가 없다. 조이스가 사용한 용어들은 그 문제의 결론을 암시한다. 스티븐이 톨카 강 위의 다리를 건너 자연 세계의 무질서 속으로 '내려갈 때' 외면한 '근엄하고 규율이 잡힌… 열정 없는' 삶에 대한 묘사에 주목할 필요가 있다.

스티븐이 다리에서 뒤돌아보는 장면은 종교적으로 구속된 어머니 세계(그의 어머니 이름은 메리이고 복되신 성모 마리아와 같은 이름)와 무책임하고 무분별한 아버지 세계 사이의 선택을 상징한다. 그 순간에 스티븐은 종교를 외면하고 아버지 세계로 들어서지만, 결국 두 세계의 구속을 모두 거부하고 더 나은 새로운 삶, 즉 자신의 미래에 더 큰 희망을 부여할 삶을 창조하고 싶어한다.

스티븐은 새로운 삶을 대학 학업으로 시작하겠다고 다짐한다. 무한한 지식의 가능성에 흥분한 그는 그날의 아름다움을 바라보며 기억해 둔 문구들을 끌어내서는 단어들을 생생하게 배열해 그 느낌을 표현한다. '바다에 떠도는 얼룩진 구름의 하루'라고. 그는 단어들로 그 날의 아름다움을 포착하고 담아서 채색할 수 있다는 것을 깨닫는다. 스티븐의 내부에 있는 예술가의 속성이 다시 한 번 표면에 드러난 것이다.

또한 그는 시적 영감을 '꾸며내는' 동시에 친구들이 '스테파노스 디덜로스'라고 부르자 자신의 운명이 신화 속의 그 인물과 같아지는 것을 느낀다.

이 장에는 스티븐이 사춘기를 지나 성인 세계로 진입하는 경험과 관련하여 데이달루스와 이카루스에 대한 암시가 복잡하게 얽혀 있다. 조이스는 스티븐이 듣는 '흐릿한 파도 소리'를 자유로의 호출이라 언급하고, 스티븐은 '날개 달린 형체(데이달루스의 아들 이카루스)가 날아서… 공중으로 오르는' 것을 볼 수 있다고 상상한다. '바다 위 태양을 향해 날아가는 매 같은 사나이'라는 상징은 데이달루스 신화에서 따온 것이 더욱 명백해진다. 이어 조이스가 우리의 관심을 이카루스의 운명으로 끌어당길 때 스티븐의 친구 하나가 장난스럽게 외친다.

"오, 이런, 빠져 죽겠다!"

친구들이 스티븐에게 "스테파네포로스!"[*]라고 외쳐댈 때 그의 마음속에 있던 반항적인 소년은 죽고(젊은 이카루스는 익사한다.) 위대한 예술가(데이달루스)가 나타난다. 조이스는 죽음/탄생이 교차하는 이 순간의 의미를 강조해서 "그의 영혼은 소년 시절의 무덤에서 일어나 수의를 걷어찼다"고 표현한다. 이 단락은 나사로의 부활, 특히 예수의 부활을 상기시키는데, 뒤이어 삶을 긍정하는 반복되는 외침이 따라온다. "그래! 맞아! 맞다구!"(이 말은 조이스가 〈율리시스〉의 마지막 장에서도 반복해서 쓴다.) 스티븐이 예술가로서의 인생을 통해 표현하고자 했던 '자기 영혼의 (새로운) 자유와 권능'을 선언하는 것이다.

감정과 예술적 정신성이 고양된 이 시점이 이 소설의 절정에 해당하며, 이어서 조이스는 스티븐에게 현현의 순간을 제공한다. 처음에는 대부분의 독자들이 한 소녀가 바다에 서 있는 모습을 묘사한 장면을 잘 이해하지 못하지만, 비유 표현을 자세히 분석해 보면 이 경험이 스티븐에게는 엄청난 충격이었다는 것을 알 수 있다.

이 장면은 별개의 두 부분으로 나누어 보는 것이 이해

---

[*] **스테파네포로스**(Stephaneforos): 끝에 붙은 effero(변형)는 라틴어로 '지명하다, 이름으로 불러내다'의 뜻.

하기 편하다. 첫째는 그 소녀가 숭배의 대상이자 욕구의 대상이기도 하다는 것을 인식해야 한다. 둘째, 그 소녀는 스티븐의 내부에 잠재된 예술가의 자질을 불러내는 매개체다. 이 두 개의 관점은 서로 겹쳐져서 스티븐이 사춘기를 벗어나 성인이 되는 전이 과정을 효과적으로 설명해 준다.

그 소녀는 이상적인 여성성의 혼합체다. 우리는 그녀에게 '신비롭고… 야릇하며 아름다운 바닷새', 즉 역시 데이달루스 신화와 관련된 새로서 신화적 의미를 부여할 수 있다. 게다가 그녀는 '에메랄드'(아일랜드를 상징함) 빛 해초로 치장하고 있다. 스티븐(잠재적인 젊은 예술가)에게 그 소녀는 정신적 존재이자 강렬한 육체적 존재다. 그녀는 '순결하고' '상아빛'이지만, 동시에 스티븐은 '치마의 하얀 가장자리' 때문에 촉발된 성적 매력도 예리하게 인식한다. 그는 그녀를 '검은 깃털의 비둘기'라고 부르는데, 이것은 이 특별한 상황에 잘 들어맞는 모순어법이다. 비둘기는 대체로 깃털이 희지만 이 상징적인 비둘기는 셰익스피어의 음험한 요부처럼 검다.

이 소녀는 스티븐이 예전에 갈구하던 여자들과는 달리 그의 숭배 욕구를 받아들이고, 그로 하여금 경이로움에 대해 자연스런 반응을 표출하도록 이끈다. 그녀는 '발을 이리저리' 움직여 그에게 용기를 주고, 궁극적으로 '그녀의 뺨에… 어렴풋한 불길'로 수락하듯 그의 시선에 응답함으로써 그의 예술적 자질에 불을 붙인다. "오, 하느님, 이럴 수가!"라는 스티븐의 외침은 생애의 목표가 '도래'했음을 선언하는 것이다. 그는 한 남자의 눈으로, 동시에 예술가의 눈으로 볼 수 있다는 것을 발견했다. 그 후 그는 새로운 날의 여명과 젊은 예술가로서의 새로운 생애의 새벽을 기다리며 잠이 든다.

Chapter 5

 예술적 비상을 위해 독립을

집에서 스티븐이 겨우 입에 풀칠할 수 있을 정도의 필수품을 구입할 돈을 제공했던 전당포 물표들을 무심히 뒤적이고 있다. 어머니는 그에게 수업에 늦겠다며 잔소리를 하지만, 나중에 대학 교육이 아들을 바꿔놓을까봐 염려스러워한다. 그동안 아버지는 아들에게 게으르다며 욕을 해댄다. 스티븐은 개의치 않는 척하면서 작별 인사를 남기고 대학의 세계로 떠난다.

이제 스티븐은 모범생이 아니다. 예를 들어, 영문학 시간에는 지루하고 판에 박힌 문학 강의에 싫증이 나 있다. 생각은 이리저리 떠돌고 집중이 되지 않는다. 그는 단어들—배열과 라틴어 파생어, 그리고 시어로서의 용례 등—을 생각하면서 지루한 강의의 구속에서 탈출하려고 하며, 판에 박힌 학업에서 벗어나 자신의 '미학 이론을 창출해낼' 수 있을지 궁금해 한다.

스티븐의 미학 이론은 지금 그의 인성과 성격처럼 아직은 형성 단계다. 그러나 이 장이 진행되면서 차츰차츰 발전하는 '젊은 예술가'로서의 자아가 지닌 새로운 측면들을 끄집어내는 친구들과 대학 선생들을 만나면서 예전 삶의 요소들이 점차 떨어져 나간다. 우리는 스티븐을 그와 이야기 나누는 인물들과 비교함으로써 그의 지성, 삶의 태도, 미학적 관점이 새롭게 깊이를 더해가는 과정을 보게 된다. 예를 들어, 매칸이 수업을 들으러 가는 도중에 스티븐에게 다가와서 '반사회적'이라고 비난하는데,

스티븐은 그 '민주적인' 급우와 달리 '모든 계급과 성을 차별하지 않는 평등'에 관해서는 관심이 없다.

우리가 만나는 다음 학생은 데이빈이다. 그는 단순하고 열정적인 구석이 있는 '시골 학생'이며, 스티븐을 친근하게 '스티비'라고 부른다. 스티븐은 데이빈을 좋아하고 그의 열정과 운동 능력을 높이 평가하지만, 그가 '아일랜드의 서글픈 전설'에 매달리는 것은 (영국과) 아일랜드 민족주의의 죽어가는 명분을 섬기는 '우직한 노예' 같은 짓이라고 생각한다. 데이빈의 촌스런 말투와 태도는 사고와 표현을 새롭고 실험적으로 능숙하게 제시하는 스티븐과 뚜렷하게 대비된다. 이러한 대조는 데이빈이 젊은 시골 아낙과 만난 일을 회상하는 장면에서 가장 두드러지게 나타난다. 그의 경험은 스티븐이 물가에서 소녀를 만난 일과 대체로 상응하지만(두 여성은 모두 '정직하게' 남자들을 응대했다.) 스티븐의 경험은 시적인 설명에 의해 예술의 수준으로 고양된다. 반면, 데이빈의 경험은 거친 아일랜드 어구들에 실려 부끄러운 현실의 수준으로 격하된다. 그 같은 현실은 그들이 길가에서 만난 '누더기 옷에… 축축하고 거친 머리칼의 말괄량이 같은 얼굴로' 꽃을 파는 뻔뻔한 소녀의 눈에도 그대로 비쳐진다.

강의실로 향하던 스티븐은 학감을 만나 미학과 예술가의 책임에 관해 토론을 벌인다. 스티븐은 아리스토텔레스와 아퀴나스의 개념에서 견해를 빌려 예술적 계몽의 본질을 은유적으로 말한다. 그는 학감이 그의 이론적인 이야기를 제한적으로 이해하는 것을 보고 실망하며, 진정한 지식을 소유하지 못한 채 소임을 수행하는 그 '충실한 종복'을 동정한다.

학감과의 토론은 물리학 교수가 들어와서 경박하고 제멋대로 구는 학생들을 가르치려고 할 때 끝난다.

이후 스티븐은 한 무리의 동료 학생들과 열띤 토론에 빠져든다. 나중에는 친구 크랜리를 만나는데, 다른 친구들과 마찬가지로 무장해제와 세계 평화 증진을 위한 매칸의 청원서에 대해 토론하고 싶어한다. 스티븐은 크랜리가 질문을 던지면서 계속 청원서에 서명할 것을 요구하자 화를 낸다.

스티븐이 이 상황을 기회로 삼아 그 문제에 관해 독자적인 견해를 피력하자 감정적이고 감성적인 동기생 템플은 깊은 인상을 받는다. 템플은 열렬한 제자인 양 스티븐을 따라다니며 청원서에 서명하지 않으려는 결정을 열심히 지지한다. 그가 아첨하듯 스티븐과 붙어 다니자 크랜리는 몹시 화를 내며 스티븐에게 말한다. "… 재수 없는 놈!… 그 놈한테 말도 하지 마… 템플한테 말하느니 더러운 요강에 대고 말하는 것이… 더 낫겠다."

이내 크랜리와 스티븐은 린치와 데이빈을 만나게 되고, 스티븐은 그

둘에게 자신의 미학 이론을 상세히 설명할 기회를 갖는다. 이후, 헐링* 시합이 있는 동안 데이빈은 스티븐이 점점 고립되면서 의기양양해 하는 상황에 관심을 보이며, 아일랜드의 유산을 신봉하라고 촉구한다. "우리들처럼 해보란 말이야." 즉각 그 제안을 거절한 스티븐은 데이빈의 무모한 애국심을 비판하고 자신을 구속하려 드는 '민족, 언어, 종교'라는 '그물을 벗어나 날아갈' 것이라고 단언한다.

스티븐과 린치는 헐링 시합을 보려고 모인 무리들과 헤어진다. 스티븐은 그의 미학 이론을 린치에게 계속 설명하면서 아리스토텔레스가 정의하지 않은 연민과 공포를 자신이 정의해 보았다고 밝힌다. '연민'은 인간에게 고통이 주어졌을 때 그 인간과 결부되어 생기는 감정인 반면, '공포'는 고통당하는 인간이 그 고통의 원인을 발견하고 느끼는 감정이라는 것이다.

린치가 이 정의를 이해하지 못하자 스티븐은 다시 반복해 말하며, '정적인' 예술(아름다움을 그 자체로 감상하는 것)과 '동적인' 예술(정서적 반응을 유발하는 것)의 차이점을 설명한 다음, 자신의 미학 이론을 단계별로 제시한다.

그는 "선(善)은 바람직한 것이고 진(眞)과 미(美)는 매우 지속적으로 추구되었던 것이기 때문에 진과 미는 선해야만 한다"(엘만)고 발의한다. 비록 스티븐은 어떤 사람에게 아름다워도 다른 사람에게는 아름답지 않을 수 있다는 것을 인정하면서도, 한 대상의 보편적인 아름다움은 '전체성', '조화', '광휘'(光輝)라는 차원에서 평가할 수 있다고 강조하고, 개인이 이러한 예술적 대상의 특질들을 이해하고 평가하는 순간, 궁극적으로

---

* **헐링**(hurling) : 아일랜드 식 하키. 규칙은 하키와 유사함.

그 아름다움은 관찰자에게 '심장의 황홀경'이라고 지칭되어온 정신적 경험을 제공한다고 설명한다.

린치가 혼란스러워하면서도 예술의 정의에 흥미를 느끼자 스티븐은 계속해서 한 개인이 어떻게 열등한 예술과 탁월한 예술을 구별할 수 있는지 설명한다. '서정적 형식은 감정이 일어나는 순간을 가장 소박하게 언어적으로 표현한 것'이고, 예술가의 경험과 직접 관련되어 있다. '서사적 형식'은 서정적 형식에서 한 단계 떨어져 있으며, '예술가 자신과 그의 연장으로서 다른 사람과… 관련된' 이미지를 제시한다.(이 형식에서는 '다른 사람과'라는 말이 핵심이다.) 마지막으로 '극적 형식'은 세 형태의 예술 중에서 가장 우수하며, 예술가의 개성은 완전히 가라앉고 작품 자체만이 그것을 관찰하는 사람들과 상호 교류하면서 예술 작품 자체에서 스며나오는 '생명력으로… 모든 사람들'을 채운다는 것이다.

그리고는 진정한 예술가의 임무는 자신이 완성한 창조물로부터 물러나 그것과 '무관하게' 거리를 두어 스스로 생명을 유지하도록 하는 것이라고 결론을 내린다.

이 장황한 설명이 끝나자 비가 내리기 시작하고, 스티븐과 린치는 도서관으로 돌아간다. 린치는 계속해서 이야기를 하지만 스티븐은 오래 전부터 마음에 두었던 소녀 에머 클러리를 목격하자 친구의 존재를 잊어버린다. 그는 그녀에게 말을 걸어보려고 하지는 않지만 마음속은 의문으로 가득 찬다. 그녀는 하루를 어떻게 보낼까? 그녀는 무슨 생각을 할까? 그녀는 '단순하고도 고집스런' 심성을 지녔을까?

다음날 아침, 스티븐은 에머에 대한 꿈 때문에 상쾌하고 열정적인 기분으로 잠에서 깬다. 그녀의 이미지가 만들어낸 '심장의 황홀경'에 영감을 받은 그는 그녀를 그리며 정교한 빌라넬*을 짓는다. 시를 쓸 때는 10년 전에 그녀를 위해 썼던 첫 시구를 떠올리고, 그녀를 전차 계단에서 처음 마주친 이래로 생각했던 많은 일들을 기억한다. 그가 완성한 6연의 빌라넬에는 그녀에 대한 다층적 관점이 표현되어 있다. 그녀는 그의 욕망을 '유혹하는 여자'일 뿐만 아니라 숭배의 대상이기도 한 것이다.

스티븐은 다시 도서관 계단에 서 있다. 그는 머리 위를 나는 새들을 유심히 바라보며, 새들의 수를 헤아리고, 새들의 움직임을 따라가며 소리를 듣는다. 새들은 그에게 자기들처럼 "그가 태어난 기도와 근신의 집을 영원히 떠나라"는 말을 건네는 듯하다. 이런 생각은 크랜리, 딕슨, 템플, 그리고 다른 친구들의 목소리 때문에 중단된다. 그들은 정치적·종교적 문제들에 대해 활기찬 무작위 토론을 시작하고, 그 언쟁이 결국 크랜리와 템플 사이에 욕설로 번지면서 서로 싫어하는 감정을 드러낸다. 그 원인은 일차적으로는 스티븐의 관심을 독차지하려는 질투심 때문이다.

갑자기 스티븐의 꿈속 소녀인 에머가 지나간다. 그녀는 새처럼 스티븐을 대학 생활에서 떠나도록 유도하는 것 같다. 그는 다급하게 크랜리에게 무리에서 벗어나 사적인 대화를 나누자고 청하고, 가족 문제에 관해 절실하게 의견을 구한다. 어머니가 '부활절 의무'(고해와 성찬)를 강요하는데, 자기는 '논 세르비암'(섬기지 않는다) 신조를 고수하기 때문에 거부했다는 것이다. 크랜리는 비록 가톨릭 의식의 신성함을 더 이상 믿지 않는다고 하더라도 부활절 의무를 다해서 어머니를 기쁘게 해드리라고 충고한다. 이어 스티븐이 여러 차례 논리적인 반박을 하자 크랜리는 '종교에… 그토록 지나치게 흠뻑 젖어 있던' 친구가 어째서 교회의 공식적인 의식을

---

* **빌라넬**(villanelle)：19행 2운체(韻體)의 시.

불신할 수 있는지 의아하다.

　　스티븐은 한때 가족과 조국의 열렬한 추종자였듯이 열렬한 로마 가톨릭 신도이기도 했다고 고백한다. 그러나 그 모두에 실망하고 배신당하고 구속당해서 이제는 그것들을 떠나 예술적·정신적·민족적 독립을 선언하고픈 욕구를 느끼고 있다. 그는 크랜리가 그러한 문제들에 대해 같은 견해를 가질 수 없다는 것이 슬펐으나, 크랜리가 뒤쳐지는 것을 몹시 두려워한다는 사실을 감지하자 연민이 커진다. 그렇지만 스티븐은 그 어느 것, 심지어는 지옥에 영원히 떨어지는 것도 두려워하지 않는다면서 "내가 더 이상 믿지 않는 것은, 그것이 나의 집이건, 나의 조국이건, 나의 교회건 섬기지 않을 것이다"고 선언하고 이야기를 끝맺는다.

　　소설의 마지막 부분은 스티븐이 아일랜드를 떠날 준비를 하면서 쓴 일기들로 구성되어 있다. 3월 20일자 첫 번째 일기에는 크랜리와의 마지막 대화가 반영되어 있다. 다음 주까지 이어지는 일기들에는 친구들, 가족, 동포, 그리고 종교를 떠나는 심정을 기록하고 있다. 떠날 시간이 점점 가까워지는 날짜의 일기들에는 더욱 희망이 넘치고, 언어에 대한 매혹이 점점 커지는 것이 드러나며 신화적 인물들에 대한 암시까지 들어 있다. 아일랜드를 떠나기 전날 기록한 일기에서는 그가 '어떤 마음이고 무엇을 느끼는지… 배우도록' 어머니가 기도하실 내용을 쓰고 있다. 바로 여기서 스티븐은 '내 영혼의 대장간에서 내 종족의 창조되지 않은 양심을 새로이 단련시킬' 공공연한 의도를 밝힌다.

　　4월 27일자로 된 마지막 일기에서는 자기와 이름이 같은 신화 속의 인물 데이달루스에게 기원한다. '옛날의 아버지, 옛날의 장인'에게 예술적 미래를 추구하는 일에 도움을 달라고.

　　이 장은 소설에서 가장 길고 복잡한 분석적인 부분으로
서 지금까지 스티븐의 생애를 형성해 온 요소들(가족, 조국,
종교)을 검토하고 있다. 여기서 스티븐은 성숙해지는 그의 예
술혼을 제한하는 억압적 요소들을 하나하나 벗어버린다.

　　이전 장들과 달리 여기서는 서정적이고 단편적인 담화
형식으로 쓰여 있으며, 스티븐이 자신의 갈등 해소를 위해 여
러 주제를 넘나들면서 예술가로 변신해가는 과정이 드러나고,
지난 경험들이 요약적으로 제시된다. 마지막으로 스티븐은 가
족, 조국, 종교를 떠나 외국에서 예술가로서의 미래를 추구하
기 위해 자신을 해방시키기 전에 그것들을 조망한다.

　　이 장이 시작될 때 우리는 전당포 물표더미와 스티븐
이 맹목적으로 가족과 조국과 종교를 섬기는 일에 그의 성실
성을 저당 잡히는 일이 비슷하다는 것을 알게 된다. 스티븐은
자신의 삶이 심오한 목적을 갖고 있다고 느끼지만 그 목적은
그의 앞에 놓인 전당포 물표더미와 희망 없고 비천한 출발이
란 관점에서 보면 역설적이다. 그가 대학으로 갈 때 그의 영혼
은 '아버지의 휘파람 소리와 어머니의 잔소리, 그리고 보이지
않는 미치광이의 날카로운 외침(미친 수녀가 외치는 "예수님!
오 예수님! 예수님!")'에 학대당한다. 이 짧은 장면에서 조이
스는 스티븐이 벗어나고자 했던 세 가지 요소 ― 가족, 조국,

종교—를 살려낸다. 우리는 스티븐 아버지의 끊임없고 지나친 이기주의(가족의 상징)를 목격하고, 스티븐 어머니의 계속되는 복종적인 순교 의식의 압박(조국의 상징)을 느끼고, 마지막으로, 수녀의 비이성적이고 넋 빠진 외침(종교의 상징)을 듣는다. 스티븐은 자신의 활달한 영혼을 굴종적이고 불운한 미래에 묶어놓는 세 가지 구속 요인들로부터 벗어나기를 절실히 원했기 때문에 돌이킬 수 없도록 자유에다 온 몸을 맡기고 '그의 젊은 긍지를 꺾으려 드는' 목소리들의 '메아리'가 들리지 않는 곳으로 탈출할 것을 다짐한다.

여기서 '긍지'라는 단어는 스티븐이 세계의 위대한 철학자와 작가들을 연구하는 동안 얻게 된 지식에 대한 자만심을 가리킨다. 그러나 다른 목소리들도 최근 나타나는 스티븐의 예술혼을 협박한다. 특히 동료 대학생들의 목소리는 아일랜드의 맹목적이고 상상력도 없으며 굴종적인 신세대를 대변한다.

스티븐에게 세계 평화를 위한 청원서에 서명할 것을 촉구하는 매칸은 아일랜드 애국주의의 맹목적이고 비효율적이며 변질 우려가 있는 열성을 대표한다. 매칸은 스티븐이 세계 평화라는 명분 자체를 믿기보다는 말로만 동조한다고 간주한다. 그러나 스티븐은 개성을 고수하며, 계몽되지 않은 대중들의 목표보다는 자신의 목표를 더 선호한다.

친구 데이빈은 아일랜드의 시골에 축적된 과거의 자취

를 보여준다. 그의 말투와 행동은 '아일랜드의 서글픈 전설'을 숭배하는 토착 아일랜드 민중을 대표한다. 데이빈의 눈 깊숙한 곳에서 '굶주린 마을 사람의 영혼의 공포'를 목격한 스티븐은 '아일랜드 신화라는 깨진 등불'이 형성해 온 데이빈의 '조잡한 상상력'을 감지한다.

스티븐은 데이빈(아일랜드 애국주의와 문화의 상징)에 대한 생각을 접어두고, 자신이 아일랜드 고등교육 기관에서 배우고 있는 빈약한, '수사(修士)의' 지식에 도전해 본다. 학감과 대화하는 동안 스티븐은 학감이 대변하는 '실용 기술'과 자신이 애호하는 '인문 예술' 사이의 뚜렷한 차이를 드러낸다. 여기서 조이스는 '빛'(등불은 계몽을 상징)의 은유를 사용한다. 우리는 미학에 대한 스티븐의 비유적 설명 방식이 학감의 제한적이고 어구에 충실한 견해보다 우월하다는 것을 목격하게 된다. 스티븐이 견해를 더욱 명확히 설명하려고 하면 할수록 학감이 헷갈려 하는 장면은 희극적이다. 그럼에도 불구하고 스티븐은 자신이 미학적으로 사용하는 언어가 학감이 가르치는 '시장(marketplace)의… 문학적 전통'에서 사용된 언어와는 반대라는 점을 식별할 기회를 갖는다. 학감의 학문적 한계를 인지한 스티븐은 영감도 없이 그저 직분에만 충실한 그를 동정하게 되고, 대학 교육이 자기처럼 독특하고 개성적이고 미학적인 이상을 구현하려는 사람을 제대로 준비시킬 수 없다는 것을 깨닫는다.

　　예술에 대한 스티븐의 생각과 예술가의 속성을 자세히 고찰하기 위해 조이스는 스티븐과 린치의 대화 장면을 만들어 내고, 스티븐이 미학 이론을 설명할 때 린치를 공명판으로 이용한다. 스티븐의 독단적인 말은 가끔 답답할 정도로 난해해 보이지만, 분명한 것은 죄와 지옥의 개념을 설파하던 아놀 신부처럼 자신의 미학 개념에 대해 집요하다는 점이다. 그 두 장면은 소설의 후반부에서 강한 대조적 균형을 이룬다.

　　그러나 스티븐이 린치와 그토록 진지하고 친밀하게 대화하는 것은 이상하다. 린치가 스티븐의 생각을 무시하거나 거친 발언을 하고 유치한 장난을 치는 것으로 미뤄 스티븐이 자신이 형성한 미학 이론을 사적으로 털어놓을 만한 인물은 아닌 듯이 보이기 때문이다. 이 점에 대해서는 엘만의 설명을 참조해 보자.

　　엘만에 따르면, 조이스가 린치를 시골뜨기로 그린 이유는 바로 복수심 때문이다. 조이스에게는 문학에 진지하게 몰두하는 그를 끊임없이 조롱했던 친구(빈센트 코스그레이브)가 있었다. 코스그레이브 역시 조이스의 몇몇 친구들과 충돌하기도 했고, 한때는 조이스의 유일한 연인 노라 바나클을 유혹하기까지 했다. 따라서 조이스는 린치*라는 불길한 이름에다 '시든 영혼'을 가진 밉살스럽고 '파충류 같은' 인물을 창조

---

* **린치**(lynch) : '사적으로 형벌을 가하여 죽임'의 뜻. 역자 주.

함으로써 복수할 기회를 만든 것이다. 린치의 광대 짓과 거친 말투는 아름다움과 예술에 대한 스티븐의 은밀한 견해를 돋보이게 하는 역할을 한다. 하층민 출신이고 지저분한 린치에 비해 스티븐은 천박하고 판에 박힌 생각의 '더러운' 요동 속에 린치를 뒤척이게 만든 철학자이자 예술가로 등장한다.

스티븐의 예술적 자유를 위협하는 또 다른 족쇄는 여성에 관한 복잡한 인식이다. 그는 (10여 년 전에 쓴) 첫 시의 소재이기도 했던 에머 클러리가 다시 등장하자 영감을 받아 빌라넬을 쓰게 되는데, 이 시는 여성에 대해 갈등하는 감정—여성 숭배, 여성 모독, 여성을 통한 만족 욕구—을 모두 통합해 표현하고 있다. 스티븐은 에머와 여성 일반에 대한 감정을 빌라넬이란 예술 형식을 이용해 재창조함으로써 성적인 강박관념에서 해방되고, 그 노력은 하늘로 자유로이 예언하듯 솟구치는 새들의 영상을 통해 보상받게 된다.

스티븐은 새들의 비상을 생각하면서 자신의 미래에 대한 신화적 가능성을 깊이 사색한다. 그는 데이달루스와 이집트의 예술의 신 '토트*', 그리고 자신과의 관계가 점점 약화되는 아일랜드에 대해 궁금해 한다.

스티븐은 가족과 신앙과 조국을 떠나기로 했지만, 아마

---

* **토트**(Thoth): 이집트 신화에 등장하는 과학·예술·의학 등 지식과 지혜를 탄생시킨 학문 일반의 신.

도 그가 끊어야겠다고 느끼는 가장 중요한 관계는 크랜리와의 뿌리 깊은 우정일 것이다. 크랜리는 조이스의 친구인 존 번을 토대로 한 인물이다. 크랜리는 '여성스런 눈'과 '사제 같은 얼굴'에 대학 시절 내내 스티븐의 충실하고 진지한 친구였다. 스티븐은 그들의 '우정이 존재하면 타향살이와 고독한 영웅주의의 특성이 설 자리를 잃을 것이기 때문'에 우정을 해소할 이유를 찾는다.(엘만)

크랜리와의 우정을 끝내려고 스티븐이 '만들어낸' 첫 번째 '이유'는 에머 클러리가 '스티븐을 건너뛰고' 크랜리의 인사를 꾸벅 받을 때 생긴다. 스티븐에게 그 절은 여러 가지를 의미한다. 크랜리가 '스티븐 모르게' 에머와 데이트를 한 것인가? 그래서 크랜리가 최근에 스티븐에게 공격적으로 행동한 것인가? 스티븐은 크랜리의 행동에서 배신당했다고 확신한다. 이제까지는 크랜리가 사제처럼 스탠리의 은밀한 고백을 들어주는 절친한 친구였지만, 아일랜드를 떠나기 직전인 지금, 스티븐이 원한다면 이 순간을 이용해서 크랜리와의 절교를 정당화할 수 있다.

이 시점에서 스티븐은 크랜리의 소위 배신행위에 대해 눈을 감는다. 이후 그는 크랜리에게 충고를 요청할 때, 크랜리가 진정성이 없다는 사실을 알게 되어 괴롭다. 크랜리는 확고하다. 비록 스티븐이 더 이상 가톨릭 의식을 신뢰하지 않더라도 어머니의 요구를 존중해서 '부활절 의무'를 이행해야 한다는 것이다. 스티븐에게 크랜리는 타협의 전형으로 비친다. 아일랜드가 오랫동안 자국민들을 선동해 영국과 미신적인 가톨릭교회에 타협하도록 해왔듯이, 크랜리 역시 원칙들과 타협한다. 스티븐은 그 오염된 가치 체계를 탈출하고 싶고, 탈출할 필요가 있다. 따라서 스티븐은 임박한 출발을 알리고, 아일랜드를 떠나는 것이 실수라고 하더라도 두렵지 않다고 선언한다. 그는 자신의 예술을 위해 기꺼이 고통을 받겠다고 말한다. 심지어는 그 고통이 영원히 지속된다고 해도.

스티븐과 크랜리의 이 마지막 대화는 스티븐의 일기 속에서 언급되고, 조이스의 비망록에도 비슷하게 기록되어 있다. 스티븐은 비문법적이고 단편적인 언어를 구사해서 크랜리와 크랜리의 연로한 부모에 대한 생각을 옮겨놓고, 크랜리를 '기력이 쇠한 허리에서 나온 자식'이라고 지칭한다. 다음날 일기에 적힌 엘리사벳과 스가랴에 관한 인유와 이 언급은 누가복음 1장의 사건을 연상시킨다. 성경에는 연로한 스가랴와 자식을 낳지 못하는 아내 엘리사벳이 천사 가브리엘이 전한 말씀에 따라 세례 요한을 낳게 된 이야기를 기록하고 있다. 세례요한이 죄 지은 자들에게 회개하고 하느님의 진노로부터 구원받도록 촉구한 것과 마찬가지로 크랜리 역시 스티븐에게 신앙을 부인한 것에 대해 경고한다. 그러나 스티븐은 친구의 경고에도 아랑곳없이 심지어 저주를 받더라도 자신의 예술적 신조를 추구하겠노라고 다짐한다.

다음 일기들에서 스티븐은 과거와의 고리를 단절하려고 노력하는 모습을 보인다. 4월 15일자 일기는 스티븐이 베아트리체를 향한 단테의 순결한 동경에 대해 깊이 생각하는 모습을 언급하고 있기에 적절하다. 다시금 스티븐은 에머 클러리와 나눈 마지막 대화를 새로운 식견으로 생각한다. "그래, 오늘은 그녀가 마음에 들었다… 새로운 느낌인 것 같다… 오, 포기해, 이 녀석! 잠이나 자면서 잊어버려!"

이 새로운 느낌은 매칸이 성적 평등을 위한 청원서에서 제안했던 것과 흡사한가? 이 느낌은 여성이 대상이자 사람으로도 간주될 수 있다는 것을 의미하는가? 스티븐은 확실히 알지 못한다. 현재로서는 그가 마음의 문제에 대한 분별력이 다소 부족한 젊은이란 사실을 기억하자. 나중에는 독자들도 알게 되듯이 심지어는 그의 어머니조차 이 사실을 알고 있다.

스티븐이 떠나기 전 날, 어머니는 아들의 정서적 발달이 결국 예술적 이상과 평행해서 이루어지기를 희망한다고 말한다. 스티븐이 마음의 문제, 특히 인간의 애정이 결국에는 예술을 감상하는 능력만큼이나 중요하다는 사실을 배웠으면 하고 바라는 것이다.

마지막에 스티븐은 자신의 위대한 후원자의 영혼에게 앞날을 도와달라고 기원하면서 살아가는 과정에서 일어날 수 있는 일들과 함께 어머니의 소망을 받아들인다.

스티븐 데덜러스

스티븐의 최초 기억들은 매우 생생하지만 단편적인데, 그가 자신의 세계를 항상 예술가의 관점에서 바라본다는 증거가 된다. 이후 청년이 되어서도 사람과 사물에 대해 어린이 같은 호기심을 유지한다. 그는 계속 예리한 관찰을 하며 날카로운 감수성을 통해 결국 자신의 운명이 창조―예술가가 되는 것과 자신의 예술혼을 명확히 파악하는 것―라는 사실을 깨닫고는 유럽 대륙으로 떠나면서 가족, 신앙, 조국과 인연을 끊는다.

그가 대륙으로 떠나기 전의 인생 여정은 쉽지 않다. 그는 고뇌하는 소년이고, 그것은 당연하다. 그는 신앙심을 배우는 동안 어머니로부터 죄의식에 깊이 사로잡힌 의무감을 물려받는다. 반면, 아버지는 사회적 행동 규범 중 가장 피상적인 것만 가르치고, 개인의 자유를 획득하는 방법으로 무책임한 행위를 옹호한다. 따라서 스티븐의 어린 시절의 도덕심은 어머니의 훈계("잘못했다 말하라")와 아버지의 충고("절대로… 친구를 고자질하지 마라")가 결합된 산물이다. 한쪽 부모가 그에게 고해하고 죄의식을 느끼라고 이야기하면, 다른 한쪽에서는 거짓말하더라도 죄의식을 느끼지 말라고 이야기하는 것이다. 이 역설적인 유산은 여섯 살 때 집을 떠나 클롱고스 우드 칼리지에서 세상과 마주하게 되자 실제로 과중한 정서적

부담으로 다가온다.

그는 이 예수회 기숙학교에서 잔인하고, 소외당하며, 부당함이 지배하는 세계로 빠르게 진입하고, 그곳으로부터의 탈출은 개인의 일시적인 승리를 통해서만 가능하다는 것을 알게 된다. 당연히 그는 집을 그리워하고, 역량 부족을 느끼고, 몸 져눕게 되면서 동기들과 멀어진다. 그리고 클롱고스에 적응하려는 대부분의 노력은 결국 창피를 당하는 것으로 끝난다. 예를 들어, 그는 어머니가 자기에게 키스를 한다고 인정했다가 비웃음당하자 그의 영혼은 죄의식과 혼란 속에서 버둥거리며 소리친다. "그래, 그의 어머니가 그에게 키스한다. 그것이 옳잖아?" 그렇다면 왜 그는 놀림을 당하는가?

다른 문제들 역시 그를 혼란스럽게 한다. 그는 급우들의 행동을 살펴서 신성모독적인 행위를 일러바쳐야 하는가? 그는 쉽사리 양심의 가책 없이 그렇게 할 수 있으며, 자기를 '사각 도랑'에 밀어 넣은 소년에 대해서도 분명히 '고자질할' 수 있었다. 이런 일들과 다른 혼란스러운 사건들 때문에 그는 늘 방어적이며, 집의 편안한 안정을 희구하게 된다. 그러나 크리스마스 휴일을 맞아 집으로 왔을 때 조화로운 안식처인 것 같았던 예전의 집이 아니란 사실을 깨닫는다는 것은 역설적이다.

그는 크리스마스의 논쟁 이후에는 가족을 다르게 본다. 그는 (가정교사인 단티 아주머니가 구현하는) 종교적 열정의 폭력적인 지배와 (아버지의 친구 케이시 씨가 구현하는) 성직자에 대항하는 정치적 행동주의가 치른 희생을 목격하고, 단티 아주머니와 케이시 씨의 언쟁 때문에 어른 세계가 자신의 작은 세계만큼이나 결점이 많고 잔혹하다는 것을 확인한다. 더 나아가 성직자 사회도 그 자체의 위선적 잔혹성을 지니고 있다는 사실을 알고 환멸을 느낀다. 따라서 그가 (매 맞은 사건과 관련하여) 클롱고스에서 정의를 회복하려면, 개인적 약점을 뛰어넘어 관습과 전통에 도전하며 기꺼이 홀로 세계의 어둡고 알려지지 않은 힘들에 대항해야 한다는 것을 깨닫는다.

그는 벨베데르 칼리지에서의 경험을 통해 사춘기의 거친 세계로 진입한다. 그는 집안의 빈곤이 혼란스럽고 수치스럽지만, 연극과 작문에서 두각을 드러냄으로써 역량이 부족하다는 인식은 과도할 정도로 보상받는다. 게다가 낭만주의 문학에 대한 애정에서 사춘기적 우울함을 발산하는 예술적 출구를 발견한다.

그는 학교와 교회에 적응하려고 노력하지만 열등감과 특히 끈질긴 성적 욕구가 뒤섞인 사춘기의 들뜨고 예측할 수 없는 감정 변화를 드러낸다. 그리고 마침내 성욕은 더블린 매춘부의 품속에서 충족되는데, 그 첫 성경험은 순진함의 종말이자 삶의 더 깊은 의미를 찾게 되는 시발점이 된다.

이 시점에서 성모 마리아 신우회 회장으로서 하급생들에게 모범을 보여야 할 책무를 지니고 있는 그가 겪는 성욕과의 싸움은 더욱 고통스러워 보인다. 그러나 욕정과 좌절의 기간은 오래 가지 않는다. 사흘간 진행된 피정에서 아놀 신부의 최후의 심판일 설교를 듣고는 죄의식과 두려움에 사로잡혀 카푸친 수도회 성직자를 찾아 고해한 후 생활을 정화하기로 다짐하기 때문이다.

이로써 그는 모범적인 훌륭한 청년이 되지만 이 단계도 오래 가지 않는다. 그는 결국 성욕을 인정하고 주변 사람들과 자신의 도덕적 불완전성도 수긍한다. 그리고 결점 없는 신앙을 가졌다고 공언하는 사람들을 냉소하게 되며, 자신의 지성과 논리를 이용해 영적인 문제를 분석한다.

그가 영적인 삶을 추구할지의 여부는 예수회 교장을 만난 직후 단번에 결정된다. 교장이 신앙생활을 하면 자연 세계의 모든 즐거움을 포기해야 한다는 사실—스티븐은 상상조차 할 수 없는 운명—을 무심결에 드러내기 때문이다. 성직에 입문하지 않겠다는 결정을 내리자 자유가 느껴진다. 예술을 통해 삶의 즐거움을 추구할 수 있는 자유가.

그에게 예술적 표현은 문체나 형식의 일상적인 감상 이상의 것, 즉 육체와 정신과 영혼의 완전한 교섭을 포함하는 것이다. 그는 이러한 '미학적 조화'를 바다에서 물가를 거니는 소녀를 보았을 때 경험한다. 그녀는 그가 인생에서 기대하는 것들을 예술과 자유와 성욕의 형태로 요약하고 있다. 이 순간부터 그는 그러한 삶을 추구하는 데 몰두한다.

그는 자신의 새로운 미학 이론을 더블린 사회의 기존

관습과 관행, 그리고 제약에 견주어 처음으로 시험함으로써 미래를 만들어가고자 한다. 그는 거의 체계적으로 가족과 친구들과 상호 반응하면서 그들이 대변하는 가치관뿐만 아니라 그들과도 하나하나 절연한다.

비록 우리는 스티븐이 그를 묶어둔 실망스럽고 충실하지 못한 과거의 모든 구속으로부터 벗어나야 한다고 동의하지 않을지 모르지만, 아일랜드를 떠나는 결정은 혼자 내려야 한다는 점은 인정한다. 그가 자신을 찾아서 조국을 떠날 때, 처음으로 집을 떠나는 모든 사람이 가지는 확신과 이기적인 태도, 그리고 미래에 대한 잠정적인 희망을 소유한 듯 보이는 점에 주목하자. 삶의 가르침은 이제 막 시작된 것이 분명하다. 그의 선전을 기원하며 미래에 '길이 건승하기를' 바라는 바다.

조이스와 비유 표현

자전적 요소

조이스와 비유 표현

　조이스는 흔히 '의식의 흐름' 서술 기법의 대가로 평가받지만, 탁월한 비유적 표현을 통해 20세기 소설의 예술적 발전에도 많은 기여를 했다. 특히 〈젊은 예술가의 초상〉에서는 비유 표현을 사용해 모티프들을 확립하고 상징들을 확인하며 작품 전반에 주제의 통일성을 부여했다.

　소설에서 가장 두드러지게 비유 표현을 사용한 예는 처음 몇 페이지에서 스티븐의 어린 시절을 형성한 감각적 인식을 자세히 언급한 부분일 것이다. 축축함 대 건조함, 뜨거움 대 차가움, 빛 대 어둠 등 이분법적인 모든 영상들이 성장해가는 스티븐의 삶에 영향을 미치게 될 힘을 드러내 보인다. 이 비유 표현을 이해한다면 스티븐이 아일랜드를 떠나기로 결심한 이유를 더 잘 알 수 있을 것이다.

　예를 들어, 축축함/건조함의 비유 표현은 세계에 대한 스티븐의 본성적인 반응과 학습된 반응을 상징한다. 어린 스티븐이 자연적 본성을 표현하는 일(자다가 오줌을 싸는 것 같은)에는 '잘못'이라는 표식이 붙는다. 축축한 요는 마르고 보강된 '기름종이'로 대체된다. 부적절한 행동에 대해 신속하고 불쾌한 교정이 이루어진 것이다. 따라서 젖은 물건들은 본성적 반응과, 마른 물건들은 학습된 행동과 관계가 있다.

　또 다른 예로서 스티븐이 친구에게 떠밀려 빠진 변기

통(사각 도랑)과 그 때문에 생긴 질병의 축축함을 들 수 있다. 마찬가지로 스티븐을 '잔물결'로 함몰시킨 사춘기적인 성욕의 '밀물'은 죄의식과 수치심을 불러일으킨다. 외견상 '축축함'은 나쁘고, '건조함'은 좋다.

이 양태가 전환되는 시점은 스티븐이 톨카 강 위의 '흔들리는 다리'를 지나갈 때다. 그는 건조하고 '시든' 가슴과 찌꺼기처럼 남아 있는 가톨릭 신앙의 흔적 대부분을 뒤에다 버린다. 그리고 '바닷가의 긴 여울'을 힘들여 걷다가 '야릇하고 아름다운 바닷새'로 묘사된 어린 소녀와 마주친다. 그녀는 바다에서 스티븐을 응시하고, '젖은'(자연스러운) 인생 쪽으로 초대함으로써 그는 예술가로서의 운명에 관한 결정적인 선택을 하게 된다. 이후에 그가 미학 이론을 린치에게 설명하고 나자 비가 내리기 시작한다. 외견상 하늘은 스티븐의 예술에 관한 이론은 물론, 예술을 천직으로 선택한 그의 결정을 승인하는 듯하다.

뜨거움/차가움의 비유 표현도 유사하게 스티븐에게 영향을 끼친다. 소설의 서두에서 스티븐은 어머니의 따뜻한 냄새를 아버지 냄새보다 분명히 더 좋아한다. 스티븐에게 '뜨거움'은 육체적 애정(어떤 경우에는 죄)의 강렬함을, 그리고 '차가움'은 예법, 질서, 순결을 상징한다. 이러한 상징의 구체적 사례들은 그의 기억 속에서 찾아볼 수 있다. 어머니의 따뜻한 무릎에서 쉬기, (스티븐이 열병에서 회복중일 때) 친절한 마이클 수사의 간호를 받은 일, 그리고 더블린의 매춘부로부터 열띤 포옹을 받은 일 등.

반면, 사각 도랑의 차갑고 끈적끈적한 물은 학교에서 변화를 겪는 삶의 잔혹한 현실을 증명한다. 게다가 스티븐은 벨베데르의 피정에 관해 생각할 때 애초에 '차가운… 무관심'을 경험하며, 아일린(개신교 집안의 어린 소녀)을 상상 속에서 숭배한 것도 냉정하게 상징적이고 쌀쌀맞은 느낌을 준다. 그는 그녀의 순결하고 하얀 손 때문에 잦은 교회의 탄원 기도에 나오는 상아탑의 의미를 이해할 수 있게 된다.

마지막 비유 표현은 빛/어둠의 이분법과 관련되어 있다. 빛은 지식(확신)을, 어둠은 무지(공포)를 상징한다. 이러한 몇 가지 대비 사례들이 소설 군데군데에 흩어져 있다. 작품 초반에서 스티븐은 개신교도와 결혼하겠다고 말했다가 장님이 될 것이라는 위협에 처한다. "눈알을 빼겠다 / 잘못했다 말하라." 스티븐은 이유도 모른 채 두려움에 떤다. 훌륭한 가톨릭 소년은 다른 신앙에 대해, 어쩌면 여성에 대해서조차도 무지해야 한다. 따라서 아일린을 향한 스티븐의 자연스러운 맹목적 사랑이 비난받은 것이다. 스티븐은 어린아이에 불과하지만, 그의 예민한 예술가적 본성은 진실한 감정을 억누르고 사회의 규칙과 위협에 순응하지 않으면 안 되는 세계에서 성장하게 될 것임을 알아차린다.

스티븐의 깨진 안경도 빛/어둠 비유 표현의 한 부분이다.

그는 안경을 쓰지 않으면 세상이 어둡고 희미하게 보인다. 비유적으로 말하자면 눈이 멀어 배울 수가 없는 것이다. 그러나 그는 '눈이 멀게 된' 이유를 있는 그대로 말한 것 때문에 부당한 처벌을 받게 되자 성직자의 잠재적이고 어두운 (비이성적인) 잔혹성을 재빨리 깨닫는다. 더블린 거리에서는 스티븐이 사창가 지역으로 들어갈 때 어둠의 이미지가 반복된다. 우리는 그가 방황하며 죄를 지을 때, 그의 가슴 내부에서 어둠을 보게 된다. 이후에 학감과 등잔에 관한 철학적 논의를 할 때(5장)는 스티븐의 미학적 사고의 광휘와 비교해서 이 성직자의 '눈먼 정도'가 폭로된다.

소설을 정독하면, 더 많은 이미지들을 발견할 수 있다. 조이스가 이처럼 이미지들을 사용한 것은 복잡한 주제 구도를 형성하는 데 필수적인 과정이기 때문이다.

작품에서 사용된 또 다른 종류의 비유 표현은 색깔과 이름이다. 조이스가 이용한 색깔은 대개 스티븐의 인생에 영향을 끼친 정치적·종교적인 요소들을 가리킨다. 마찬가지로 이름을 이용해서 다양한 이미지들—특히 동물적 특성을 암시해서 스티븐과 사람들의 관계에 실마리를 제공하는 이미지들—을 불러낸다.

색깔 비유 표현의 한 예로서, 단티 아주머니가 벨벳 천을 덧댄 머리솔 두 개—하나는 적갈색, 다른 하나는 녹색—를 갖고 있는 점에 주목하자. 적갈색 솔은 아일랜드 토지

동맹*의 친 가톨릭계 활동가인 마이클 대빗을, 녹색 솔은 찰스 스튜어트 파넬을 상징한다. 한때는 파넬이 단티 아주머니의 탁월한 정치 영웅이었지만 교회가 그를 비난한 뒤로는 솔의 등짝에서 녹색 천을 떼어버렸다. 색깔에 대한 언급 중에는 스티븐이 학급 학술팀의 상징인 흰 장미나 붉은 장미 대신에 '녹색 장미'(자신의 창조적 본성의 표현)를 원하던 일도 있다.

색깔 비유 표현을 다르게 언급한 또 하나의 사례는 린치가 '샛노란 무례'(yellow insolence)라는 용어를 사용한 데서(5장) 찾을 수 있다. 린치는 '지독한'(bloody) 대신 '샛노란'이란 단어를 사용함으로써 나약하고 소심한 태도를 드러낸다. 삶에 대한 '지독하게' 자연스런 갈망이란 생각이 린치에게는 섬뜩하게 여겨졌을 수도 있는 것이다. 린치의 이름은 문자 그대로 '달아매다'를 의미한다. 그는 '두건 쓴 파충류처럼… 길고 가느다랗고 납작한 두개골에… 파충류 같은… 시선, 그리고 자학적인… 영혼'을 소유하고 있다.

린치처럼 템플도 이름의 상징성이 드러난다. 스스로를 '마음의 힘을 믿는 자'로 생각하는 템플은 스티븐이 '독립적인 사고'를 하기 때문에 좋아하고, 직접 세계의 문제를 '사고해' 보려고 한다.

---

* **아일랜드 토지동맹**(Irish Land League): 가난한 소작농들을 돕기 위해 19세기 후반에 설립된 정치 조직.

크랜리는 이름처럼('두개골'을 뜻하는 cranium에서 파생) 스티븐의 '사제 같은' 동반자로서 내밀한 느낌들에 대한 고백을 들어준다. 크랜리의 '쪼개진 머리'에 대해 스티븐이 느꼈던 이미지가 몇 번씩 언급된 점은 주목할 필요가 있다. 스티븐에게 크랜리가 갖는 상징적 의미는 세례 요한의 의미('순교당한 그리스도')와 흡사하다. 그리고 '크랜리'라는 이름은 교장의 책상 위에 놓여 있던 두개골과 스티븐에게 성직을 권유한 예수회 교장의 그늘진 두개골을 조이스가 강조하여 묘사했던 장면을 떠올리게 한다.

소설 속에서 가장 폭넓게 사용된 비유 표현을 꼽는다면 스티븐의 망명, 구체적으로는 아일랜드로부터의 '비상'(탈출)과 관련된 것이다. '비상' 비유 표현은 클롱고스에서의 첫날만큼이나 일찍 제시되며, 스티븐의 억압된 감정은 '회색빛 사이로 낮게 나는 무거운 새'로 표현되고 있다. 나중에 번들거리는 축구공이 '무거운 새'처럼 하늘로 솟구칠 때 스티븐에게는 불행으로부터의 비상이 불가능해 보였지만, 그가 예술적 이상을 공식적으로 드러내기 시작하면서 가능해 보인다.

예를 들어, 5장에서 스티븐은 성직의 가능성을 부인한 뒤에 톨카 강 위를 건너자 급우들이 그의 이름을 외쳐댔을 때 '거만한 주체 의식'을 느낀다. 그리고 뒤이어 비상에 대한 또 다른 인유가 제시된다. 그 후 바닷가에서 물을 건너는 소녀는 '부드럽고 하얀 솜털 깃 같은⋯ 치마의 가장자리'를 지닌 '학처럼 연약한' 존재로, 그리고 그녀의 가슴은 '검은 깃털의 비둘기 가슴'으로 묘사된다. 이러한 현현의 순간에 드러난 그녀의 존재로 인해 스티븐은 예술을 천직으로 선택한다.

마지막으로, 스티븐의 친구들이 그를 부를 때는 이름이 어떤 '예언'을 동반하는 것처럼 보인 장면을 주목해야 한다. 그는 '파도 위를 날며… 공중으로 솟아오르는 날개 달린 형체'를 본다. 이처럼 태양을 향해 날아오르는 매 같은 사나이의 영상은 비상 모티프의 핵심이다. 스티븐은 삶의 목적을 깨달으면서 자신의 '영혼이… 공중에 솟아오르는 것'을 보고, '하늘 높이 나는 독수리'처럼 외치고 싶어한다. '한 순간의 거친 비상'을 경험한 그는 과거의 구속으로부터 자유로워지면서 '구원받는다'. 소설 끝부분에서 스티븐은 자신의 '옛날의 아버지, 옛날의 장인' 데이달루스를 향해 외치며 예술적 자유를 위한 비상을 준비한다.

자전적 요소

조이스가 스티븐 데덜러스에게 자전적인 요소를 어느 정도 투입했는지의 문제는 오랜 동안 논란거리가 되어왔다. 학자와 비평가들은 여전히 상반되는 증거들을 제시하고 있지만, 대부분의 경우 그 문제는 조이스의 전기 작가인 리처드 엘만과 조이스에 관한 〈내 형제를 지키는 자 *My Brother's*

Keeper〉라는 책을 저술한 조이스의 동생 스태니슬로스의 글을 통해 해결된다.

조이스와 스티븐 데덜러스의 어린 시절 사이에 많은 유사점이 있지만 스태니슬로스는 '스티븐 데덜러스가 실제가 아닌 상상 속의 자화상'이라고 분명히 밝힌다. 이를테면, 조이스의 클롱고스와 벨베데르 시절 성적표와 몇몇 친구들과의 대담 등, 중요한 세부 자료들이 이러한 견해를 뒷받침한다는 것이다. 그는 비록 조이스가 '자신의 성장 과정을 세심히 따랐고, 자신이 모델이자 자기가 경험한 많은 사건들을 이용했지만… 변형도 시키고 많은 사건들을 만들어내기도 했다'고 지적한다.

새롭게 만들어낸 한 가지 사례는 조이스가 클롱고스의 스티븐을 허약하고 겁이 많은 순진한 '희생자'로 그린 점이다. 스태니슬로스는 조이스가 비교적 학교생활에 잘 적응했으며, '장애물넘기와 경보에서 여러 개의 우승컵'을 거머쥔 '유능한 운동선수'였다고 회상한다. 그리고 조이스는 소외되지도 않았고, 진득한 책벌레도 아니었으며, 가끔씩 일을 저지르기도 했다는 것이다. 클롱고스의 징계기록부에는 조이스가 스티븐과는 달리 깨진 안경과 관련된 사건 때문에 매를 맞은 적은 없으나, 수업 시간에 교재를 가져오지 않아서 두 차례, 그리고 '상스런 말'을 써서 한 차례 매를 맞은 기록이 있다.

조이스와 스티븐의 또 다른 차이점은 스티븐의 친구들을 묘사한 장면에서 확인할 수 있다. 스티븐의 친구들 대부분은 스티븐보다 지적으로 열등하지만, 스태니슬로스가 회상하는 조이스의 친구들은 사춘기를 통틀어 중요한 정신적 자극을 제공한 존재들이다.

창조자와 창조된 대상 사이의 차이점은 조이스와 아버지의 관계에서도 드러난다. 엘만은 "〈젊은 예술가의 초상〉에서 스티븐은 사이먼이 실질적인 의미에서 아버지라는 사실을 부인하지만, 조이스는 모든 면에서 아버지의 아들임을 의심하지 않았다"고 단정한다. 게다가 스태니슬로스는 소설 속의 코크 시 사건(스티븐이 사이먼과 함께 코크 시를 방문한 장면)과 여행 동안 조이스가 느낀 부분들은 사뭇 달랐다고 회상하면서, 아버지가 여러 술집을 전전해서 혐오감을 느꼈던 스티븐과는 달리 "그 당시에 형(제임스)이 집으로 보낸 편지에서는 이 술집 저 술집을 오가는 것이 재미있다는 식으로 묘사했다"고 강조한다.

조이스가 대학 친구들을 가공해서 제시한 인물들은 말 그대로 허구다. 그는 그들의 성격을 많이 바꿨고, 없던 대화도 만들어 넣었으며, 중요한 인물을 소설에서 의도적으로 배제하기도 했다. 분명히 스티븐 데덜러스는 조이스가 만든 가공인물로서 문학의 서정적·서사적·극적 형식에 관한 자신의 생각을 표현하기 위해 이용했을 뿐이다.

결론적으로, 자전적 유사성이 확실히 존재하지만 스티븐은 조이스 예술의 허구적 재현이다. 이 작품과 마찬가지로 스티븐도 작가의 '수공예품'의 한 예이고, 조이스는 그 작품 뒤에서 '보이지 않고, 정련되어 존재가 사라져, 무심한…' 상태로 존재하며, 만일 소재 속에서 그의 뜻대로 한다면 여전히 몸은 어디엔가 감추고서 '손톱을 손질하고 있을'지도 모른다.

이 부분은 〈젊은 예술가의 초상〉에 대한 이해력을 테스트하기 위해 마련한 난입니다. 다음 질문에 대해 간단히 서술하시오.

1. 1장에서 스티븐에게 정서적으로 영향을 미친 세 가지 중요한 사건을 서술하라. 어떤 사건이 그를 가장 많이 변화시켰다고 생각하는가? 그리고 그 이유는?

2. 소설에서 파넬의 죽음이 매우 중요한 이유는 무엇인가? 그 사건에 대한 몇몇 등장인물들의 반응을 사례로서 언급할 것.

3. 스티븐이 성장하면서 성직자에 대한 변화하는 관점을 논하라. 적절한 예를 들고, 소설 속의 구체적인 장면도 인용할 것.

4. 스티븐의 '논 세르비암' 신조의 기원과 전개 양상에 대해 서술하라. 소설 속의 구체적인 사건들을 언급하고, 스티븐의 비순응적 태도가 어떻게 발전해 가는지 논할 것.

5. 4장에서 스티븐은 현현을 경험하고서 여성과 예술에 관한 감정에 대해 무엇을 배우는가? 그가 그 의미를 진정으로 이해한다고 생각하는가, 아니면 여전히 이전처럼 혼란스러워한다고 생각하는가?

6. 문학용어인 빌둥스로망의 의미를 알아본 후 이 소설과 부합하는지 설명하라. 같은 종류로 분류될 수 있는 다른 소설을 읽어본 적이 있다면 이 소설과 그 소설을 비교해 보라.

7. 클롱고스에서 매 맞은 사건과 관련하여 콘미 신부에게 스티븐을 변
   호하는 편지를 써보라. 단, 편지는 그 사건을 목격한 사람처럼 작성
   하고, 그 문제에 관해 스티븐이 왜 정당한 보상을 받아야 하는지 논
   리적이고 정서적이며 윤리적인 이유를 밝힐 것.

8. 스티븐이 삶 속에서 실제 여성 및 상상 속의 여성과 어떤 개인적인
   관계를 갖고 있는지 서술하라. 그들이 그의 정서적 발달에 어떤 영
   향을 미쳤는지 밝힐 것.

9. 사전에서 풍자의 의미를 찾아보라. 조이스는 스티븐이 사흘간의 피
   정에서 들은 설교를 만들어내면서 풍자를 사용했다는 것을 인정했다.
   설교를 자세히 검토해서 어떤 단어, 어떤 어구, 어떤 단락이 풍자를
   사용한 증거처럼 보이는지 밝히고, 그 이유를 설명하라.

10. 4장부터 5장에 이르는 동안 스티븐의 성격 변화를 설명하라. 그 변
    화를 유발한 상황도 설명할 것.

11. 스티븐이 순교당한 지도자와 자신을 비교하거나 동일시한 증거를
    소설 속에서 찾아보라. 특히 파넬이나 그리스도와 비교한 장면을 찾
    아볼 것.

12. 스티븐과 린치 및 크랜리와의 관계에서 유사점과 차이점을 밝혀라.
    그들의 대화와 신체 묘사에 대한 언급을 포함시키고, 두 젊은이가
    각각 스티븐에게 어떤 의미로 인식되는지 서술할 것.

一以貫之 논술노트

반항하는 인간 ○

실전 연습문제 ○

一以貫之는 '논어'에 나오는 말로 '모든 것을 하나의 이치로 꿴다'는 뜻입니다.

논술의 주제와 문제 유형, 제시문들은 참으로 다양하고 가지각색입니다. 그러나 그 모든 것을 하나로 꿸 수 있습니다. '인간사회의 보편적 문제들에 대한 근원적인 물음에 답하는 자기 나름의 견해'라는 것이지요. 논술은 인간이면 누구나 부닥치는 개인적 또는 사회적 문제들에 대한 자기 나름의 고민이자 성찰입니다. 논술은 자기견해, 자기 가치관, 자기 삶에 대한 솔직한 고백입니다.

一以貫之 논술연구모임은 '자신의 물음'과 '자신의 생각'을 갖고 '자신의 글'을 쓸 수 있도록 도와줍니다.

〈집필진〉
김법성, 우한기, 이호곤, 박규현, 김법성, 김재년, 김병학, 도승활, 백일, 우효기, 조형진

반항하는 인간

사람들은 책을 볼 때 어떤 기준으로 고를까? 만약 책 제목만 보고 고른다면 나는 서슴없이 이 책을 고를 것 같다. 젊음, 예술가는 왠지 내 마음을 콩닥콩닥 뛰게 한다. 물론 난 제임스 조이스 전문가가 아니다. 그가 유명한 소설가이고, 그의 작품이 현대 문학사에 큰 업적을 남겼다는 사실을 알고 있지만 그 이외의 다른 것들은 알지 못한다. 따라서 나는 논술을 가르치는 입장에서, 그리고 논술을 공부하는 학생의 입장에서 이 소설의 어떤 점이 도움이 될지만을 염두에 두고 글을 쓰고자 한다.

반항하는 젊음

그는 공부를 하려고 지리책을 폈지만 미국의 지명들을 익힐 수가 없었다. 각각 다른 이름을 가진 서로 다른 곳들이었다. 그 모든 곳들은 서로 다른 나라에 있었고, 여러 나라가 서로 다른 대륙에 있었으며, 그 대륙들은 이 세계에 있는가 하면 이 세계는 우주 속에 있었다.

그는 지리책 권두의 여백을 펴고 그 자신이 거기에 써놓았던 것을 읽어보았다. 그것은 자신의 이름과 소재지였다.

스티븐 데덜러스

기초반 클롱고스 우드 학교

샐린즈 읍

킬데어 군

아일랜드

유럽

세계

우주

…

그래서 자기가 그 권두 여백에다 적어놓은 것을 밑에서부터 읽어 올라가니 마지막에 그의 이름이 나왔다. 그 이름은 바로 그 자신이었다. 그는 다시 그것을 읽어 내려갔다. 우주 다음에는 무엇이 있을까? 아무것도 없어. 그러나 이 우주의 주변에는 무엇인가가 있어서 우주가 끝나고 그 아무것도 없음이 시작되는 곳을 가리키고 있어야 할 것이 아닌가? 그것이 일종의 벽일 리야 만무했지만 모든 것을 온통 싸고 있는 하나의 얇디얇은 선은 있을 수 있지. 모든 것과 모든 곳에 대해 생각한다는 것은 아주 엄청난 일이야. 그런 생각은 오직 하느님만 할 수 있어. 그는 그게 얼마나 거창한 생각일까 생각해 보려고 했지만 결국 생각할 수 있는 것은 하느님뿐이었다. 그의 이름이 스티븐이듯이 God은 하느님의 이름이었다.

스티븐은 가톨릭계 기숙학교인 클롱고스에서 자신과

세계의 관계에 대해 고민한다. 그는 집을 떠나 있고 친구들은 그를 변기통에 처박았으며 몸은 약하고 시력도 좋지 않은 데다가 떠나온 집을 그리워한다. 바로 이 순간에 스티븐은 '나'라는 존재와 '세상'의 관계에 대해 묻는다. 나는 누구이고, 세상은 무엇인가? 그것은 자신과 자신을 둘러싼 삶에 대한 질문이다. 지금의 고통과 괴로움을 해결하기 위해 자신에게 묻는다. 이러한 물음은 스티븐이 성장하면서 끊임없이 이어진다.

스티븐은 눈을 감고 손바닥을 위쪽으로 편 채 허공에 내밀었다. 학감이 손을 바로 펴기 위해 손가락을 만지는 것이 느껴졌고 곧 회초리를 쳐드느라 수탄의 소매가 스치는 소리도 들렸다. 막대기가 딱하고 갈라질 때와 같은 따끔하고 찌릿하고 얼얼한 타격에 그의 떨리는 손은 불붙은 가랑잎처럼 오므라졌다. 그 소리와 고통에 그의 눈에는 뜨거운 눈물이 고였다. 그의 온몸은 겁에 질려 떨리고 있었고 팔도 떨리고 있었다. 화끈거리며 새파랗게 질린 오므라진 손 또한 허공에 떠다니는 가랑잎처럼 떨리고 있었다. 울부짖음이 입술까지 솟구쳤다. 그것은 용서해 달라는 호소였다. 그러나 눈물이 그의 눈을 뜨겁게 적시고 고통과 공포로 팔다리가 떨리고 있었지만, 그는 뜨거운 눈물과 목을 태우는 듯한 울부짖음을 억제하고 있었다.

스티븐은 안경이 깨져서 라틴어 숙제를 면제받는다. 그러나 학사감독관인 돌란 신부는 전후사정에 아랑곳없이 스티븐의 숙제가 되어 있지 않은 것을 보고 매질을 가한다. 스티븐의 생각으로는 자신의 잘못이라고는 손톱만큼도 없지만 어쩔 수 없이 회초리를 맞는다. 세상은 어린 스티븐에게 폭력을 휘두른다. 그런 까닭에 스티븐이 경험하는 세상은 부조리함으로 가득 차 있다. 자신의 의지로 어떻게 할 수 없는 부조리한 세상. 스티븐은 이러한 부조리함에 어찌되었건 저항한다.

그는 주위에서 자기더러 무엇보다 먼저 신사가 되고 무엇보다 먼저 독실한 가톨릭 신자가 되라고 촉구하는 아버지나 학교 선생들의 목소리를 끊임없이 들어왔다. 이런 목소리들이 이제는 그의 텅 빈 소리로 들리게 되었다. 체육관이 문을 열었을 때 그는 또 다른 목소리가 그에게 튼튼하고 사내답고 건강한 사람이 되라고 촉구하는 것을 들었다. 그리고 민족부흥 운동이 학교에까지 영향을 미치게 되었을 때 또 다른 목소리가 그에게 조국을 참되게 대할 것이며 조국의 언어와 전통을 부활하는 사업을 도와주도록 명령했다. 그가 예상한 대로, 범속한 세계에서는 세속적인 목소리가 그에게 자기 힘으로 노력해서 아버지의 떨어진 지위를 높여주도록 명하고 있었다. 한편 학우들의 목소리는 그에게 훌륭한 학생이 되어 다른 애들이 비난당하지 않게 하고 다른 애들이 벌을 받지 않게 용서를 빌어주고 또 최선을 다해 많은 휴강을 얻어내라고 촉구하고 있었다. 그가 환영을 추구할 때 우유부단하게 머뭇거리도록 만드는 것은 바로 속이 텅 빈 이 목소리들이 내는 소음이었다. 그는 이런 목소리들에 대해 잠시 동안만 귀를 기울였을 뿐이며, 이런 목소리로부터 멀리 떨어져서 그것들이 부르는 소리를 듣지 않으며 혼자 있거나, 아니면 환영들이나 벗 삼고 있을 때에만 행복감을 느꼈다.

〈젊은 예술가의 초상〉에서 '젊은'은 이러한 의미가 아닐까? 신사가 되고, 가톨릭 신자가 되고, 건강한 사람이 되고, 조국을 부활하게 하고, 아버지를 도와주고, 학우들을 도와주라는 주변의 모든 요구에 휘둘려 자기의 길을 잃는 것이 아니라, 그런 목소리에서 멀어져 자기의 길을 모색하는 것이 '젊은'의 의미가 아닐까? 젊은이는 세상에 자신의 건축물을 세운다. 물론 건축 재료들은 세상으로부터 나온다. 그러나 집을 어떻게 지어야 할지, 어떤 집이 필요한지는 전적으로 자신의 선택에 달려 있다.

스티븐에게 혼자 있는 시간은 바로 집의 설계도를 만드는 시간이다. 자신의 상상력과 노력을 통해 스티븐은 자신의 집을 만들어본다. 그러나 기성세대들은 강요한다. 집은 이렇게 지어야 되고 저렇게 지어야 된다고. 젊다는 것은 상상력을 발휘하는 것이고, 더 나아가서 그 상상력을 현실화시키는 힘이다. 나는 그 힘이 이 세상을 보다 재밌고 멋지게 만들어줄 것이라고 생각한다.

그러나 오늘날 젊은이들은 그렇게 젊게 살고 있는 것 같지 않다. 학생들은 고학년이 될수록 더 이상 상상력을 발휘하지 않는다. 시를 읽어도 의미를 암기하려 하지 작가의 정서를 공감하려고 하지 않는다. 소설을 읽어도 수능에 나오기 때문이지 내 삶을 되돌아보는 기회로 삼지 않는다. 하루하루 자신의 가치를 높이기 위해 노력하지만 그것은 이미 기성세대들이 밟아놓은 정답의 길을 차근차근 따라가고 있을 뿐이다. 누군가가 간 길의 꽁무니를 열심히 따라가고 있는 모습이다.

그런 점에서 오늘날 교육의 진정한 위기는 세계화에 맞서 경쟁력이 떨어지는 교육의 질의 문제라고 생각하지 않는다. 진짜 위기는 공상하고 상상하지 못하게 학생을 획일적으로 만드는 것이다. 아이들을 자유롭게 상상하고 창조하도록 내버려두지 못하는 교육, 남이 지겹도록 간 길을 조금이라도 더 빨리 쫓아가기 위해 모든 아이들을 내모는 현실이 진정한 교육의 위기라고 생각한다. 스티븐 또한 오늘날 우리의 학생들과 비슷한 처지에 있다.

이 세상의 어떤 왕이나 황제도 하느님을 모시는 사제의 권세는 갖지 못하고 있어. 하늘나라의 그 어떤 천사나 대천사도 또 성인이나 심지어는 성모 마리아까지도 하느님의 사제가 가진 권세만은 가지지 못하고 있지. 그것은 하늘나라의 열쇠가 가지는 힘이요, 사람을 죄악에 매거나 죄악에서 해방시키는 힘이요, 액운을 막는 힘이요, 하느님의 창조물로부터 그들을 지배하는 사악한 귀신들을 쫓아내는 힘이요, 하늘에 계신 하느님께서 제대(祭臺)로 내려오셔서 빵과 포

도주 속에 드시게 하는 힘이요 권능이기도 하단다. 자 어떠냐, 스티븐,
굉장한 권세가 아니냐!

　　이 소설의 배경인 1900년대 전후의 아일랜드에서 가
족, 종교, 국가는 가톨릭이라는 종교의 거대한 테두리 안에 유
기적으로 연결되어 있었다. 마치 조선시대를 유학과 떼어놓
고 생각할 수 없는 것처럼 가톨릭은 아일랜드의 외연을 이루
고 규정하는 것으로 볼 수 있다. 이러한 사회에서 스티븐은 어
려서부터 가정과 학교에서 철저한 가톨릭 교육을 받는다. 부
모도 사제가 되길 원했고, 스스로도 당연하게 생각했다. 교장
또한 모범생인 스티븐이 사제가 되길 원한다. 교장은 사제의
권력과 힘을 이야기하며 스티븐을 꼬드긴다. 그러나 스티븐은
획일화되고 강요된 교육에 굴하지 않고 자신의 길을 모색한다.

　　대학에 간다! 그의 소년 시절의 보호자로 자처하면서도 실은
그를 자기네에게 예속시키고 자기네 목표나 받들도록 붙잡아두려고
하던 파수꾼들의 수하제지 범위를 벗어났던 것이다. 만족 뒤의 오만
이, 천천히 밀려오는 긴 파도처럼 그를 떠받쳐주었다. 그가 받들어야
할 운명을 가지고 태어났으면서도 아직 그 정체를 파악하지 못하고
있던 목표가 그를 인도하여 은밀한 길을 따라 도망칠 수 있게 해주
었던 것이다. … 소년 시절 내내 그는 자기 숙명이라고 흔히 여기면
서 성직을 곰곰이 생각해 왔지만, 정작 성소에 복종해야 할 때가 되

자 그 부름을 외면하고 방종한 본능 앞에 굴종하고 말았다. 그때와 지금 사이에 세월이 흘렀다. 서품의 성유가 그의 몸에 도포되는 일은 영원히 없을 것이다. 그는 거절했던 것이다.

학교 선생님도 원했고, 부모님도 원했고, 친구들도 추천한 길을 스티븐은 선택하지 않는다. 그리고 방종한 본능이 원하는 선택을 한다. 그것이 스티븐이 젊은 이유다. 스티븐은 단순히 어려서 젊은 것이 아니다. 그는 상상하고 그 상상을 자신의 삶에서 구체적 실천으로 옮긴다. 그래서 그는 젊다. 이 소설이 매력적인 이유는 바로 젊은 스티븐은 그렇게 좌충우돌하면서 자기를 찾으려고 고군분투하기 때문이다.

예술가

그러나 스티븐의 반항은 일정한 방향성이 있다. 비록 처음에는 선명하지 않지만 차츰차츰 자신이 무엇이 되고 싶은지, 무엇을 할 것인지에 대해 방향을 잡아간다. 〈젊은 예술가의 초상〉에서 '예술가'가 의미하는 것은 바로 스티븐이 반항을 통해 되고자 하는 것이다. 예술가가 되려고 하는 것은 본격적으로 자신의 집을 짓기 위한 모색 과정이다. 그것은 아직 현실화되어 있는 것은 아니다. '젊음'이 반항의 형태로 스티븐에게 잠재되어 있는 풍성함이라면 '예술가'는 그 잠재되어 있는 힘이 본격적으로 뻗어나가는 방향으로 볼 수 있다. 이러한 뻗어나감은 몇 가지 계열을 거친다.

예수회 소속 신부 스티븐 데덜러스.

그 새로운 삶을 살고 있는 그 자신의 이름 글자들이 눈앞에 튀어 올랐고 뒤이어 확실한 윤곽도 없는 얼굴과 얼굴색이 마음속에 떠올랐다. 그 색은 흐려졌다가 마치 엷은 벽돌색이 변하면서 이글거리듯이 강렬해졌다. 그게 혹시 겨울 아침에 사제들의 면도한 턱밑 살에서 흔히 볼 수 있었던 그 생경하게 이글거리던 불그레한 색인가? 그 얼굴에는 눈이 없었고, 쓸쓸하고 경건한 표정에 분노를 억누르고 있듯 홍조가 감돌기도 했다. 그게 혹시 어떤 애들이 랜턴 조스라 부르고 다른 애들은 폭시 캠블이라 부르던 예수회 사제의 얼굴이 망령처럼 떠오른 것이 아닐까?

그 순간 그는 마침 가디너 가에 있는 예수회의 기숙사 앞을 지나고 있었다. 그는 자기가 예수회에 가입한다면 어떤 창문이 자기 것이 될지 막연히 궁금해졌다. 그러자 그는 그런 궁금증의 막연함에 놀랐고, 자기 영혼의 안식처라고 그동안 생각해 오던 곳으로부터 영혼이 멀리 떨어져 있음을 알고 놀랐으며, 그의 확정적이고 돌이킬 수 없는 행동이 이 세상과 내세에서의 자유를 영원히 끝장내겠다고 위협할 때 여러 해에 걸친 질서와 순종이 그를 장악하고 있었던 힘은 너무 연약하다는 것을 알고 놀랐다. 교회의 도도한 특권이라든가 사제직이 누리는 신비와 권세를 택하라고 그에게 촉구하는 교장의 목소리가 부질없이 그의 뇌리에서 되풀이되고 있었다. 그의 영혼은 그 목소리를 경청하거나 환영하려 하지 않았고, 그가 들었던 권면의 말씀이 벌써 하나의 부질없는 형식적 이야기로 전락해 버렸음을 알았다. 그가 신부가 되어 감실 앞에서 향로를 흔드는 일은 결코 없으리라. 그의 운명은 사회적·종교적 질서로부터 자유로워지는 것이었다. 교장의 호소가 현명하다 해도 그의 급소를 찌르지는 못했다. 그는 자기가 다른 사람들을 떠나 자신의 지혜를 배우거나 아니면 세상의 함정들 사이를 스스로 헤매고 다니며 다른 사람들의 지혜를 배워야 할 운명에 처해 있었다.

이 세상의 함정이란 죄를 짓는 길이었다. 그 함정에 빠져보리라. 아직은 빠지지 않았으나 순식간에 말없이 빠지리라. 빠지지 않는다는 것은 너무 어려웠다. 그는 닥쳐올 어느 순간에 자기 영혼이 겪게 될 말없는 타락을 감지하고 있었다. 영혼은 점점 그 함정으로 빠지고 있으나 아직은 빠지지 않았고, 아직 빠지지 않았으나 막 빠지려 하고 있었다.

스티븐은 예수회 소속 신부로서 자신의 얼굴을 떠올려 본다. 그러나 그 얼굴에는 형태도 모호하고, 눈도 없고, 분노를 억누르는 감정만이 있을 뿐이다. 그런 생각에 잠겨 있을 때 마침 운명처럼 예수회의 기숙사 앞을 지나간다. 그 순간 그는 여러 해에 걸쳐 자신의 몸을 길들이고 통제하던 질서가 너무나 연약하다는 것을 깨닫는다. 그는 과감히 결단한다. 세상의 함정에 빠지고 죄를 지을 거라고 다짐한다. 이러한 스티븐의 미끄러짐은 그를 조금씩 예술가의 길로 이끈다.

　　스티븐은 겉으로 잔잔한 우정을 표하고 있었지만, 속으로는 감정이 일기 시작했다.

　　"이 민족, 이 나라, 이 삶이 나를 만들었어." 그는 말했다. "나는 내 자신을 있는 그대로 표현할 거야."

　　"우리 편이 되도록 노력해 봐." 데이빈이 거듭 말했다. "너도 마음속으로는 아일랜드인이면서 자존심이 너무 강해서 그만."

　　"우리의 선조들은 자기네 언어를 버리고 다른 나라의 언어를 택했어." 스티븐이 말했다. "그들은 소수의 외국인들이 자기네를 예속하는 것을 허용했던 거야. 그들이 진 빚을 내가 내 삶과 몸을 바쳐 갚을 것 같으니? 무엇 때문에 그렇게 하겠니?"

　　"우리들의 자유를 위해서지." 데이빈이 말했다.

　　"토의 시대에서 파넬의 시대에 이르도록 명예를 아끼는 성실한 사람들이 자신들의 생명과 젊음과 애정을 너희에게 바쳤지만, 너희는 그분들이 곤경에 처했을 때 그분들을 적에게 팔아넘기거나 낙담케 했고 아니면 그분들을 비난하며 다른 사람들 편을 들곤 했었지. 그런데도 나더러 너희 편이 되라는 거니? 나는 차라리 너희 민족이 망하는 꼴부터 보고 싶구나."

　　"그들은 자기네의 이상을 위해 죽었어." 데이빈이 말했다. "우리의 날이 다가올 거야. 내 말을 믿어줘."

　　스티븐은 자기 나름의 생각을 좇으며 한동안 잠자코 있었다.

“영혼이란 내가 말했던 그런 순간에 처음 탄생하는 거야.” 스티븐이 막연하게 말했다. “그것은 더디고 어두운 탄생이며 육체의 탄생에 비해 더 신비한 거야. 이 나라에서는 한 사람의 영혼이 탄생할 때 그물이 그것을 뒤집어 씌워 날지 못하게 한다고. 너는 나에게 국적이니 국어니 종교니 말하지만, 나는 그 그물을 빠져 도망치려고 노력할 거야.”

데이빈은 자기의 파이프에서 재를 떨어내고 있었다.

“그 말은 너무 심오해서 내가 알아듣기 힘드는군, 스티비.” 그가 말했다. “하지만 우리에게는 나라가 제일 중요해. 아일랜드가 가장 중요하단 말이야, 스티비. 나라가 있고 난 후에야 네가 시인도 될 수 있고 신비론자도 될 수 있는 거야.”

“너, 아일랜드가 무엇 같은지 아니?” 스티븐은 냉혹하고 난폭한 어조로 말했다. “아일랜드는 제 새끼를 잡아먹는 암퇘지라고.”

스티븐은 점점 더 깊은 함정에 빠져간다. 자신을 옥죄던 종교의 부름을 거부했고, 국가의 부름을 거부하며 자신의 길을 모색한다. 그 길은 다름 아닌 ‘자기 자신을 있는 그대로 표현하는 길’이고 ‘시인의 길’이다. 이제 그는 시인의 길을 가려고 한다. 그러나 자기 자신을 표현한다는 것은 도대체 무엇을 말하는 것인가? 아직 스티븐은 거기까지 도달하지 않았다. 무엇인가 표현하고 싶어도 아직 무엇을 표현해야 할지 모른다. 시인으로서 그의 얼굴 또한 아직은 명료한 것은 아니다.

그렇다면 떠나야지. 떠날 때가 되었어. 한 목소리가 스티븐의 외로운 마음을 상대로 부드럽게 말하면서 그에게 떠나라 했고 그의 우정도 끝나고 있음을 일러주었다. 그렇다. 그는 떠나야 했다. 그는 다른 사람을 상대로 다투고 있을 수는 없었다. 그는 자기의 역할을 알고 있었다. …

"이봐, 크랜리." 그가 말했다. "너는 내게 내가 무엇을 할 것이며, 무엇을 하지 않을 것이냐만 물어왔어. 내가 무엇을 할 것이며 무엇을 하지 않을 것인지를 말해 주마. 내가 믿지 않게 된 것은, 그것이 나의 가정이든 나의 조국이든 나의 교회든, 결코 섬기지 않겠어. 그리고 나는 어떤 삶이나 예술 양식을 빌려 내 자신을 가능한 한 자유로이, 가능한 한 완전하게, 표현하고자 노력할 것이며, 내 자신을 방어하기 위해서는 내가 스스로에게 허용할 수 있는 무기인 침묵, 유배 및 간계를 이용하도록 하겠어."

예술가로 살기 위해 스티븐은 가정과 국가를 떠난다. 우리는 흔히 예술가 하면 우리와는 전혀 상관없는 사람이라고 생각한다. 클래식을 연주하고, 그림을 그리고, 시와 소설을 쓰는 사람들은 전혀 다른 세계의 사람이라고 생각하는 것이다. 물론, 예술가인 척하는 사람은 많다. 그러나 진정한 예술가로 산다는 것은 스티븐처럼 자신에게 주어진 조건에 굴하지 않고 자신의 내면에 있는 이야기를 자기도 어쩔 수 없이 끄집어내는 사람이다. 표현 방식이 중요한 것이 아니다. 예술가는 자신에게서 솟아오르는 것을 표현하기 위해 적절한 형식을 찾을 뿐이다.

그래서 예술가는 반항하는 사람이다. 주어진 조건이 어떻게 되었든 예술가는 자신이 하고 싶은 말을 한다. 때로는 비도덕적이고, 비논리적으로 보일지라도 꿋꿋이 자신의 길을 간다. 위대한 예술가는 그렇게 끝까지 자신의 길을 포기하지 않는다. 스티븐은 자신을 얽어매던 가정, 국가, 종교의 구속을 벗어나기 위해 떠난다. 이제 그에게는 진정한 삶이 펼쳐져 있다. 그러나 스티븐의 탈주는 결코 도망가기 위한 것이 아니다. 그는 떠남으로써 비로소 타락한 아일랜드를 새롭게 창조할 수 있다고 믿는다.

그래서 그는 떠난다. 자신의 본성에 충실하기 위해, '나'다운 삶을 살기 위해, 그는 함정으로, 침묵으로, 간계로, 스스로 걸어 들어간다. 스티븐은 그 속에서 진정한 자신의 삶과 민족적 양심을 만날 수 있다고 믿는다.

다가오라, 삶이여! 나는 체험의 현실을 몇 백만 번이고 부닥쳐보기 위해, 그리고 내 영혼의 대장간 속에서 아직 창조되지 않은 내 민족의 양심을 벼리어내기 위해 떠난다.

초상

자, 이제 눈을 감고 스티븐의 얼굴을 떠올려보자! 눈을 감고 그 친구를 만져보자. 냄새를 맡고 목소리를 들어보자. 그의 얼굴이 떠오르는가? 이 글을 읽고 있는 여러분은 스티븐과 같은 사람을 떠올릴 수 있는가? 없다면 자신의 빈약한 삶에 경의를!!

여러분이 떠올린 스티븐은 어떤 사람인가? 여러분 주변에 스티븐과 같은 사람이 있는가? 내가 떠올린 그의 모습은 반항하는 인간의 모습이다. 그는 부모의 강요에 반항하고, 국가와 민족에 반항하고, 종교에 반항한다. 스티븐은 '젊기' 때문에 기성세대에 저항하며, '예술가'로서 기존의 질서에 저항한다. 그리고 그는 제대로 반항하기 위해 떠난다. 분명하지 않은 자신의 얼굴을 점점 더 명확하게 하기 위해서 떠난다.

화가가 자화상을 그리기 위해 구상을 하고 스케치를 하고 색을 입히고 덧칠을 하듯이 스티븐은 자신의 얼굴을 만들기 위해 고민하고 저항하며 가정과 국가를 떠나려고 한다. 이러한 과정에서 점점 그의 자화상은 명확해질 것이다. 조이스는 스티븐의 의식의 흐름을 쫓아가며 우리에게 그의 내면으로 들어가보기를 권하고 있다. 그의 느낌과 정서를 따라가다보면 어느새 스티븐은 우리 옆에 있는 것처럼 느껴진다. 이제 다시 눈을 감고 스티븐의 얼굴을 떠올려보자! 눈을 감고 그 친구를 만져보자. 냄새를 맡고 목소리를 들어보자.

우리가 사람의 얼굴을 떠올릴 때, 단순히 그 사람의 얼굴을 떠올리는 것이 아니다. 사람의 얼굴에는 얼굴 그 이상의 의미가 있다. 얼굴은 누가 대신할 수 있는 것이 아니다. 얼굴에는 자신의 고유성이 드러난다. 얼굴에는 그 사람이 살아온 삶과 역사가 드러난다. 화장으로 성형으로 아무리 가리려고 해도 가려지지 않는 자신의 존재론적 역사가 우리의 얼굴에 새겨져 있다.

나는 종종 고흐가 자화상을 그릴 때의 심정이 어땠을까 상상해 본다. 윤두서가 자신의 수염을 한 올 한 올 그릴 때, 부리부리한 눈을 그릴 때 무슨 생각을 하고 있었을까? 피카소, 뭉크가 자화상을 그리면서 어떤 심리적 상태에 있었을까? 그들은 자화상을 그리기 위해 자신의 얼굴을 뚫어지게 쳐다보았을 것이다. 그리고 거울에 비친 자신의 모습을 보면서 자신의 삶과 인생을 되돌아보았을 것이다.

우리도 종종 거울을 쳐다보며 자신의 삶을 되돌아본다. 그리고 이제 게임은 그만해야지, 공부해야지, 다이어트해야지, 운동해야지 등등, 수많은 다짐을 한다. 물론, 다른 사람에게 자신의 진짜 모습을 감추기 위해 가면을 쓸 때도 있다. 그러나 자기 자신은 안다. 어떤 것이 진짜 나의 얼굴인지. 그리고 자신의 진짜 얼굴을 보는 순간 우리는 가짜 나를 죽이려 한다. 그러나 그것은 쉽지 않다.

고통스러운 수치심이 지나가자 그는 자신의 영혼을 그 참담한 무기력 상태로부터 끌어올리고자 했다. 하느님과 성모 마리아는 그로부터 너무 멀리 떨어져 있었다. 하느님은 너무 높고 준엄한 반면에 성모 마리아는 너무 결백하고 너무 거룩했다. 그러나 그는 자기가 넓은 대지 위에서 에머 옆에 서서 겸허하게 눈물 글썽이며 그녀의 소매의 팔꿈치 부위에 키스한다는 상상을 하고 있었다.

스티븐이 매춘굴에서 처음으로 성경험을 한다. 그는 그것이 죄악인 것을 알지만 여러 번 일을 저지른다. 스티븐은 점점 자신의 죄에 대해 심각하게 의식하기 시작한다. 피정기간 동안 아놀 신부의 설교를 떠올리며 고해성사를 다짐한다. 죄임을 자각하면서도 그는 길에서 만난 에머와 사랑을 나누는 것을 상상한다. 이것은 고해성사를 하러 가는 성당 안에서도 마찬가지다.

그는 아직도 성당을 떠날 수 있었다. 그는 일어나서 한 발씩 앞으로 내밀며 살며시 빠져나와, 어두운 거리를 재빨리 달리고 달려 도망칠 수 있었다. 아직도 그 창피를 면할 수 있었다. 바로 그 죄만 아니라면 무슨 죄라도 괜찮았을 텐데! 차라리 살인죄였다면! 창피스러운 생각, 창피스러운 말, 창피스러운 행동이 작은 불덩어리처럼 떨어져서는 사방에서 그를 건드렸다. 끊임없이 떨어지고 있는 이글거리는 고운 재처럼 창피가 온통 그를 뒤덮었다. 그걸 말로 표현해야 하다니! 그의 영혼은 숨이 막혀 어찌할 줄 몰라 죽어버릴지도 모를 일이었다.

　　스티븐의 부끄러움은 그를 끊임없이 자신의 삶으로 돌아오게 만든다. 우리 인간들은 누구나 비슷하다. 잘못된 것임을 알면서도 어느새 잘못을 저지르고 있다. 그래서 〈젊은 날의 초상〉에서 '초상'은 자신의 삶을 돌아보고 반성하는 스티븐의 모습을 말하는 것이 아닐까? 스티븐의 반성적 삶의 태도는 그의 반항이 일시적인 일탈로 빠지지 않도록 해준다.

반항하는 인간

　　그래서 좌충우돌하며 진정한 자아를 찾기 위한 스티븐의 고군분투는 단순한 치기어린 반항이 아니다. 스티븐의 반항은 기성세대의 가치관을 모조리 파괴하는 데 의미를 두지 않는다. 스티븐은 궁극적으로 자신의 집을 지으려고 한다는 점에서 젊은 날의 치기어린 반항과는 다르다. 무조건적인 반항을 하는 사람에게 반항은 반항 그 이상의 의미가 없다. 반항을 통해 자신의 길을 찾아야 하지만 그 길을 찾지 못했을 때 반항은 일시적인 일탈에 불과할 가능성이 높다.

　　"내가 그것보다도 더 두려워하는 것은 2천 년이라는 세월에 걸쳐 뭉쳐진 권위와 존경을 배경으로 하고 있는 한 상징에 대해 내가 거짓된 경의를 표할 때 내 영혼 속에 발생할지도 모르는 화학 작용이라고."

　　"너는 극단적인 위험에 처한다면 하느님을 모독하는 특정한 죄를 범할 거니?" 크랜리가 물었다. "가령 네가 가톨릭 교도들이 처벌받던 시대에 살고 있다고 친다면."

"지나간 일에 대해서는 책임질 수가 없어." 스티븐이 대답했다. "아마도 범하지 않을 거야."

"그렇다면 말이야." 크랜리가 말했다. "너는 신교도가 될 용의는 없군."

"나는 신앙을 상실했다고 했어." 스티븐이 대답했다. "하지만 내가 자존심마저 상실했다고는 말하지 않았어. 논리적이고 이치에 맞는 부조리를 버린 후 비논리적이고 이치에 맞지 않는 부조리를 포용한다면 그게 어떻게 해방이 될 수 있겠니?"

반항하는 인간은 자신의 가슴 한구석에 자신이 옳다는 믿음과 신념을 가지고 있다. 집에서 부모님에게 반항할 때, 학교에서 선생님에게 반항할 때, 친구와 싸울 때, 과정이야 어떻건 그래도 내가 옳다라는 믿음이 깔려 있다. 자신은 옳다라고 믿고 있지만 세상은 자신의 믿음을 받아들이지 않는다. 그래서 반항하는 인간은 부조리에 저항하는 인간이다. 그렇다고 해서 스티븐은 무조건적인 반항과 일탈과 탈선의 길로 가는 것은 아니다. 그는 세상이 부조리하다고 해서 자신 또한 부조리하게 행동하지는 않는다. 그는 조리 있는 세상을 만들기 위해서 반항한다. 스티븐의 반항은 그런 점에서 생산적이고 창조적이다.

그래서 스티븐의 가정, 국가, 종교에 대한 반항은 무조건적인 반항이 아니다. 그는 가정, 국가, 종교가 가져다주는 긍정성을 인정한다. 그러나 그것이 자신에게 부조리하게 강요된다는 것을 인식한다. 그는 가정, 국가, 종교에서 벗어나기 위해 자신의 세계를 구축하고, 철저하게 본격적으로 반항한다. 예술에 대한 린치와의 대화에서 자신이 가야 할 예술가의 길을 모색하고 종교에 대한 크랜리와의 대화에서 진정한 종교의 의미를 탐구한다. 대학에 진학한 후 종교와 예술에 대한 그의 탐구는 점점 그의 얼굴을 구체적으로 만들어주고 있다. 그래서 그의 반항은 구축의 과정으로서의 반항이다.

그렇다. 부조리를 자각한 인간에게는 두 가지 선택밖에 없다. 부조리를 용인하거나, 부조리에 저항하거나! 자, 우리 앞에 삶이 놓여 있다. 도대체 무엇을 선택할 것인가? 나는 〈젊은 예술가의 초상〉을 읽고 끄집어내야 할 것이 있다면 반항하는 인간의 모습이라고 주저 없이 말할 것이다. 자신이 원하는 삶을 살기 위해서 반항하는 인간, 부조리를 자각한 인간, 끊임없이 반항의 힘이 꿈틀거리는 인간. 우리는 〈젊은 예술가의 초상〉을 읽고 그렇게 반항하는 '젊은', '예술가' 스티븐을 만날 수 있다.

(가)

　　스티븐은 겉으로 잔잔한 우정을 표하고 있었지만, 속으로는 감정이 일기 시작했다.

　　"이 민족, 이 나라, 이 삶이 나를 만들었어." 그는 말했다. "나는 내 자신을 있는 그대로 표현할 거야."

　　"우리 편이 되도록 노력해 봐." 데이빈이 거듭 말했다. "너도 마음속으로는 아일랜드인이면서 자존심이 너무 강해서 그만."

　　"우리의 선조들은 자기네 언어를 버리고 다른 나라의 언어를 택했어." 스티븐이 말했다. "그들은 소수의 외국인들이 자기네를 예속하는 것을 허용했던 거야. 그들이 진 빚을 내가 내 삶과 몸을 바쳐 갚을 것 같으니? 무엇 때문에 그렇게 하겠니?"

　　"우리들의 자유를 위해서지." 데이빈이 말했다.

　　"토의 시대에서 파넬의 시대에 이르도록 명예를 아끼는 성실한 사람들이 자신들의 생명과 젊음과 애정을 너희에게 바쳤지만, 너희는 그분들이 곤경에 처했을 때 그분들을 적에게 팔아넘기거나 낙담케 했고 아니면 그분들을 비난하며 다른 사람들 편을 들곤 했었지. 그런데도 나더러 너희 편이 되라는 거니? 나는 차라리 너희 민족이 망하는 꼴부터 보고 싶구나.”

“그들은 자기네의 이상을 위해 죽었어.” 데이빈이 말했다. “우리의 날이 다가올 거야. 내 말을 믿어줘.”

스티븐은 자기 나름의 생각을 좇으며 한동안 잠자코 있었다.

“영혼이란 내가 말했던 그런 순간에 처음 탄생하는 거야.” 스티븐이 막연하게 말했다. “그것은 더디고 어두운 탄생이며 육체의 탄생에 비해 더 신비한 거야. 이 나라에서는 한 사람의 영혼이 탄생할 때 그물이 그것을 뒤집어 씌워 날지 못하게 한다고. 너는 나에게 국적이니 국어니 종교니 말하지만, 나는 그 그물을 빠져 도망치려고 노력할 거야.”

데이빈은 자기의 파이프에서 재를 떨어내고 있었다.

“그 말은 너무 심오해서 내가 알아듣기 힘드는군, 스티비.” 그가 말했다. “하지만 우리에게는 나라가 제일 중요해. 아일랜드가 가장 중요하단 말이야, 스티비. 나라가 있고 난 후에야 네가 시인도 될 수 있고 신비론자도 될 수 있는 거야.”

“너, 아일랜드가 무엇 같은지 아니?” 스티븐은 냉혹하고 난폭한 어조로 말했다. “아일랜드는 제 새끼를 잡아먹는 암퇘지라고.”

—제임스 조이스 〈젊은 예술가의 초상〉

(나)

창밖에 밤비가 속살거려
육첩방(六疊房)은 남의 나라.

시인이란 슬픈 천명(天命)인 줄 알면서도
한 줄 시를 적어 볼까,

땀내와 사랑내 포근히 품긴
보내 주신 학비 봉투를 받아

대학 노트를 끼고
늙은 교수의 강의를 들으러 간다.

생각해 보면 어린 때 동무들
하나, 둘, 죄다 잃어버리고

나는 무얼 바라
나는 다만, 홀로 침전(沈澱)하는 것일까?

인생은 살기 어렵다는데
시가 이렇게 쉽게 쓰여지는 것은
부끄러운 일이다.

육첩방은 남의 나라
창밖에 밤비가 속살거리는데,

등불을 밝혀 어둠을 조금 내몰고,
시대처럼 올 아침을 기다리는 최후의 나.

나는 나에게 작은 손을 내밀어
눈물과 위안으로 잡는 최초의 악수.

— 윤동주 "쉽게 쓰여진 시"

(다)

김선우: … 졸업 후 1, 2년의 힘든 시기를 거치면서 비로소 시인이 되어야겠다고 생각한 거였어요. 그 시기에 시에 대한 열망이 일어나지 않았다면 어떻게 되었을까. 부질없는 질문을 가끔 하게 될 때가 있는데, 어떤 의미에선 시가 저를 살린 셈이죠. 그래서 시를 고맙게 생각하고 있어요. 그때 내가 시를 통해서 삶에 대한 욕망, 에너지, 이런 걸 새롭게 채워나갈 수 없었다면 아마 지금쯤 굉장히 힘들었거나, 아니면 지금의 내가 존재하지 않을지도 모르겠어요. 그게 저는 운명이라고 믿고 있어요. 그리고 그 뒤로 정말 미친 듯이 습작을 했는데, 생활비 버는 시간을 빼면 온통 시 생각으로 머릿속과 가슴속이 꽉 차 있을 때였죠. 누구나 한 번쯤 그런 시기를 통과하듯이,

지금 생각하면 어떻게 그렇게 시 쓰는 일에 몰두할 수 있었나 싶을 정도로 잠자는 것도 먹는 것도 잊을 때가 많았던 시기를 거쳐 등단을 하게 되었어요. 그 뒤로는 시 쓰는 일 말고도 글을 써서 생업을 유지하고 있습니다.(웃음)

조중영: 제가 갑자기 궁금해서 여쭤보려고 하는데, 그러면 지금의 시인의 행복은 무엇인지요? 지금 시인으로서 삶의 행복이나 활력소 같은 것들은 어디에서 얻으시는지요?

김선우: 치명적인 질문이네요.(웃음) 등단을 하고 시인으로 살기 시작하면서는 시를 생각하고 또 글을 쓰는 일이 사실은 삶의 전부가 되었어요. 다들 시 써봤죠? 시를 쓸 때 백일장 나가듯이 어느 날 갑자기 "자, 이제부터 이 주제에 대해서 근사한 시 한 편을 써봐야지"라고 해서 정말 근사한 시가 나와 주는 경우는 별로 없잖아요? 내 마음이 수시로 어떤 것에 대해 느끼고 생각하고 깊어지고 하는 과정들을 거쳐 새로운 것들이 태어나는 거지요. 그러니까 기본적으로 저는 시인은 일상에서 항상 깨어 있어야 하는 사람이라고 생각하는데, 그게 시인의 몫인 것 같아요. 일상생활이란 게 면면이 모두 소중한 거면서도, 또 일상의 속도에 매몰되기가 쉽지요. 사회생활의 속도에 따라가기도 바쁜 일상 속에서 잠깐 멈춰 서서 뭔가에 대해 골똘히 몰두할 수 있는 시간이 많지 않잖아요. 그런데 시인이라는 존재들은 요구되는 속도에 반기를 들며 일상의 사소한 결들이 우리에게 던지는 어떤 의미들을 발견하는 존재임과 동시

에 아주 적극적으로 그 일을 해야만 하는 일종의 의무가 부여
된 사람들이라는 생각을 하거든요. 그게 시인이 대단한 무엇
이라서가 아니라, 스스로 시인으로서의 자기 존재를 유지시키
기 위해서는 일상에서 가장 예민하게 깨어 있어야 하는 자세
가 필요해요. 우리가 영감이라고 하잖아요. 그런데 그 영감의
순간이 언제 어떻게 나를 슥 베고 지나갈지 몰라요. 예를 들어
길을 가는데 누구랑 어깨가 스쳤어요. 어깨가 탁 스치면서 그
게 그냥 어깨가 스친 것으로 끝날 수도 있지만, 탁 스치는 그
순간에 내가 어떤 다른 느낌을 받을 수도 있죠. 굉장히 서늘한
느낌이거나 절망적인 느낌이거나 혹은 어떤 따뜻한 느낌이거
나, 스치는 그 순간에 내게 온 어떤 느낌에 대해 내가 주저앉
아서 골똘히 몰두할 수 있는 시간을 향유하지 못하면 그건 그
냥 흘러가요. 그 시간이 지나가버리면 잊혀지기 쉽죠. 그게 인
간의 한계예요. 그러니까 많은 사람들은 어떤 다양한 느낌들
을 일상 속에서 받지만 그 일상의 어떤 느낌들, 순간들을 조금
더 골몰하게 깊이 들여다볼 수 있는 자기 시간, 성찰의 시간,
이것을 갖기가 힘이 든 거예요. 물론 많은 사람들이 그런 시간
을 적극적으로 가질 수 있도록 노력을 해야 하고 향유를 해야죠.

— 인디고서원 〈주제와 변주〉

<문제 1> (가)의 스티븐과 (나)의 화자가 품고 있는 시인에 대한 생각의 공통점과 차이점을 정리하시오.

<문제 2> (다)의 분석을 근거로 오늘날 시인으로 산다는 것의 의미를 제시문을 참고하여 서술하시오.

다락원 명작노트 037

젊은 예술가의 초상

펴낸이 정효섭
펴낸곳 (주)다락원

초판 1쇄 인쇄 2007년 4월 20일
초판 1쇄 발행 2007년 4월 27일

책임편집 안창열, 김지영
디자인 손혜정, 박은진
번역 이인기
삽화 손창복

다락원 경기도 파주시 교하읍 문발리 509-1
Tel:(02)736-2031 Fax:(02)732-2037
(내용문의: 내선 520/구입문의: 내선 113~114)
출판등록 1977년 9월 16일 제300-1977-23호

Copyright ⓒ 2007, 다락원

출판사의 허락 없이 이 책의 일부 또는 전부를
무단 복제·전재·발췌할 수 없습니다.
잘못된 책은 바꿔 드립니다.

값 8,500원

ISBN 978-89-5995-152-9 43740

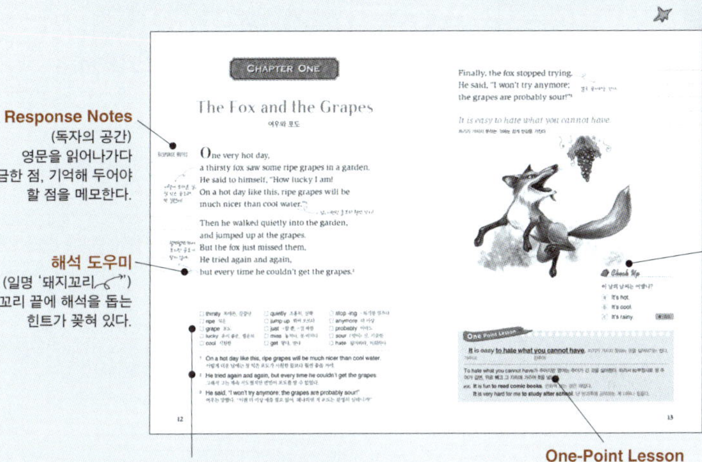

Response Notes
(독자의 공간)
영문을 읽어나가다
궁금한 점, 기억해 두어야
할 점을 메모한다.

해석 도우미
(일명 '돼지꼬리')
꼬리 끝에 해석을 돕는
힌트가 꽂혀 있다.

주요 어휘 및 문장 해석

Check-Up
내용 파악이
잘 되었는지 확인.

One-Point Lesson
주요 문법사항이나 표현에
대한 심층 분석 코너.

실력 굳히기

실력에 맞게 효과적으로 끊어 읽으며 직독직해 훈련을 한다.

영어의 맛
제대로 느끼기

영문판 원서 도전을 위한
전 단계의 준비과정이다.

Grade 3 — Pre-intermediate

600 words

21 톨스토이 단편선
22 크리스마스 캐럴
23 비밀의 화원
24 헬렌 켈러, 나의 이야기
25 베니스의 상인
26 오즈의 마법사
27 이상한 나라의 앨리스
28 로빈 후드
29 80일 간의 세계 일주
30 작은 아씨들

Grade 4 — intermediate

800 words

31 오페라 이야기
32 오페라의 유령
33 어린 왕자*
34 돈키호테
35 안네의 일기
36 고도를 기다리며**
37 투명인간
38 오 헨리 단편선
39 레 미제라블
40 그리스 로마 신화

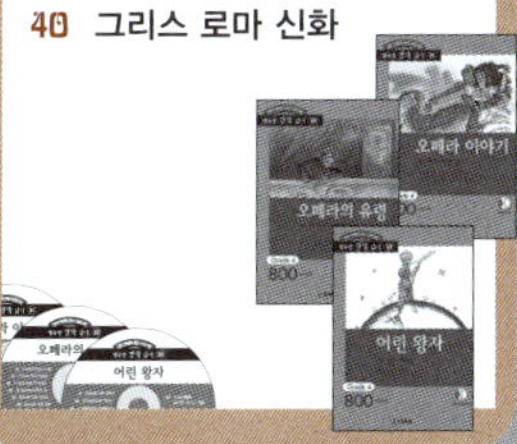

Grade 5 — Upper-intermediate

1000 words

41 센스 앤 센서빌리티
42 노인과 바다
43 위대한 유산
44 셜록 홈즈 베스트
45 포 단편선
46 드라큘라
47 로미오와 줄리엣
48 주홍글씨
49 안나 카레니나
50 나에겐 꿈이 있습니다
   –명연설문 모음

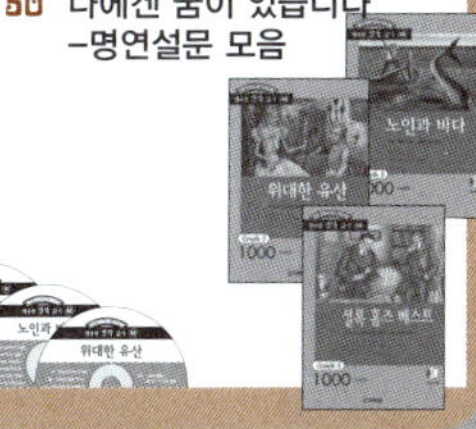

콕콕 찍어 들려주는 명작 리스닝 시리즈 [전20권]

세계 명작소설을 쉽게 고쳐 쓴 중·고생용 학습 교재. 독해와 함께 청취력 향상을 위해 전 내용을 녹음하고, 매 페이지에 리스닝 포인트를 두어 한국인이 듣기 어려운 부분은 또박또박한 발음으로 반복해 들려준다. 권말에는 영어듣기 테스트를 수록해, 입시에서 점점 비중이 높아지는 듣기시험에 대비하도록 했다.

□ 각 권 4·6판/140면 내외
□ 정가: 각 권 5,800원 (테이프 2개 포함)

① 이상한 나라의 앨리스 / 백설공주와 일곱 난쟁이
Alice's Adventures in Wonderland /
Snow White and the Seven Dwarfs

② 이솝 우화
Aesop Fables

③ 그림 동화집 / 잭과 콩나무
Grimms Fairy Tales / Jack and the Beanstalk

④ 재미있는 이야기 / 미녀와 야수
Famous Stories / Beauty and the Beast

⑤ 알라딘과 요술램프 / 이른 아침의 살인
Aladdin and the Magic Lamp / Dead in the Morning

⑥ 오즈의 마법사 / 흑마 이야기
The Wonderful Wizard of Oz / Black Beauty

⑦ 걸리버 여행기 / 쉽게 번 돈
Gulliver's Travels / Fast Money

⑧ 거울 속의 앨리스 / 정원
Through the Looking Glass / The Garden

⑨ 피터 팬
Peter Pan

⑩ 큰 바위 얼굴 / 크리스마스 선물 /
알리바바와 40인의 도적들
The Great Stone Face / The Christmas Present /
Ali Baba and the Forty Thieves

⑪ 돈키호테 / 헨리 포드 이야기
Don Quixote / Tin Lizzie

⑫ 로빈 후드 / 어느 병사의 죽음
Robin Hood / Death of a Soldier

⑬ 신문 배달 소년 / 긴 터널 / 몰리의 순례자
Newspaper Boy / The Long Tunnel / Molly Pilgrim

⑭ 언덕 위의 집 / 헤라클레스
The House on the Hill / Hercules

⑮ 우주 도시로의 여행 / 요술 정원
Journey to Universe City / The Magic Garden

⑯ 마르코 폴로 / 크리스토퍼 콜럼버스 /
올리버 트위스트
Marco Polo / Christopher Columbus / Oliver Twist

⑰ 삼총사 / 레슬러
The Three Musketeers / The Wrestler

⑱ 불의 전차
Chariots of Fire

⑲ 런던 경시청 이야기 / 아서 왕
The Story of Scotland Yard / King Arthur

⑳ 도난당한 편지 / 붉은 머리 사교회 /
트래버스 씨의 첫사냥
The Stolen Letter / The Society of Red-Headed
Men / Mr. Travers First hunt

패턴 따라 쉽게 쓰는 틴틴 영어일기 1, 2

❶ 일상생활 패턴정복
❷ 학교생활 패턴정복

중학교에 다니는 여학생과 남학생이 각각 일상생활과 학교생활을 중심으로 1년간의 일을 쉽고 재미있게 쓴 영어일기. 중학생이라면 누구나 한번쯤 겪어봤을 만한 일들을 바탕으로 한 다양한 일기 소재와 어휘가 제공되어 있기 때문에, 영어일기를 통해 영작을 연습하려는 학습자에게 큰 도움이 될 수 있는 교재이다. 중·고생뿐만 아니라, 중학 영어를 미리 예습하려는 예비 중학생들에게도 아주 효과적인 영어 학습서로 강추!

□ 정미선 지음 / 4·6배 변형 / 192면
□ 정가 10,000원 (오디오 CD 1개 포함)

Teen Teen Diary (전3권)

❶ **매일 10단어로 뚝딱 중학생 영어일기**

중1 수준의 어휘와 문장으로, 영어일기와 일상회화에 대한 감각을 익힌다.

□ 정미선 지음 / 신국판 / 144면
□ 정가 7,500원 (테이프 1개 포함)

❷ **매일 5문장으로 술술 중학생 영어일기**

중2 수준의 어휘와 문장으로, 영어일기에 친숙해지고 자신감을 쌓는다.

□ 정미선 지음 / 신국판 / 152면
□ 정가 7,500원 (테이프 1개 포함)

❸ **매일 내맘대로 쓱싹 중학생 영어일기**

중3 수준의 어휘와 문장으로, 중학영어를 마스터하고 미국의 일상회화에 익숙해진다.

□ 정미선 지음 / 신국판 / 144면
□ 정가 7,500원 (테이프 1개 포함)

지니의 미국생활 영어일기 Hello! America (전2권)

❶ 가을학기 ❷ 봄학기

어느 한국 여학생의 미국생활 이야기를 일기 형식으로 담은 책. 1권은 '가을학기', 2권은 '봄학기'편으로, 총 1년간의 미국 학교생활 및 일상생활에 관한 흥미로운 이야기들이 담겨 있다. 미국 학생들의 실생활을 바탕으로 한 탄탄한 스토리로 살아 있는 현지 영어와 미국문화를 체험할 수 있을 뿐만 아니라, 영어 독해 및 영작 연습을 할 수 있는 아주 유용한 교재이다.

□ 이지현 지음 / 국배판 변형 / 152면
□ 정가 8,500원

Notes

Notes

Notes 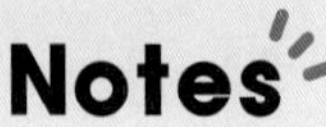